Ein Raum für mich

CAROLINE CLIFTON-MOGG

Ein Raum für mich

ARBEITSZIMMER, WERKSTATT ODER ATELIER KREATIV GESTALTEN

Aus dem Englischen von Brigitte Beier

GERSTENBERG

Die Originalausgabe erschien
2011 unter dem Titel
A Space of My Own
bei Ryland Peters & Small Ltd,
20–21 Jockey's Fields,
London WC1R 4BW,
Great Britain,
und 519 Broadway,
5th Floor, New York,
NY 10012, USA.
Text Copyright © 2011
Caroline Clifton-Mogg
Fotografien und Gestaltung
Copyright © 2011
Ryland Peters & Small
Alle Rechte vorbehalten

1. Auflage 2013

Deutsche Ausgabe Copyright
© 2013 Gerstenberg Verlag,
Hildesheim
Alle deutschen Rechte vorbehalten
Satz und Redaktion: Andrea Schick
für bookwise Medienproduktion GmbH,
München
Printed and bound in China
ISBN 978-3-8369-2743-7
www.gerstenberg-verlag.de

Inhalt

- 8   *Inspirierende Orte schaffen*
- 20   **TEIL 1**: EINRICHTUNGSELEMENTE
- 22   Orte und Möbel
- 38   Aufbewahrung
- 54   Arbeitsbeleuchtung
- 66   Gestaltung
- 74   **TEIL 2**: RÄUME
- 76   Büros
- 104   Doppelnutzungen
- 126   Ateliers und Kreativwerkstätten
- 152   Kinder- und Jugendzimmer
- 166   *Register*
- 168   *Die Architekten, Künstler, Designer und Geschäftsinhaber*
- 173   *Die Aufnahmeorte*
- 176   *Danksagung*

Ohne großen Aufwand ließ sich dieser lichtdurchflutete Raum in ein kompaktes Arbeitszimmer verwandeln: An einer Wand hängt ein Regal für Bücher und sonstige Utensilien. Ergänzt wird dieses lediglich durch einen großen Tisch, einen bequemen Bürostuhl und eine schlanke, ansehnliche Arbeitsleuchte.

Inspirierende Orte schaffen

Jeder braucht ein Plätzchen für sich selbst – das war schon immer so. Repräsentative Studierzimmer und Bibliotheken wie in früheren Zeiten sind heute selten geworden, doch die Sehnsucht nach einem persönlichen Ort ist so stark wie eh und je. Den neuesten Statistiken zufolge beinhalten etwa siebzig Prozent aller privaten Umbaupläne ein Arbeitszimmer in der ein oder anderen Form.

Die Idee eines separaten, ganz privaten Raums – für Männer wie für Frauen – reicht bis ins 17. Jahrhundert zurück, als das familiäre Leben im häuslichen Bereich allmählich an Bedeutung gewann. Man begann Häuser mit mehreren kleinen abgetrennten Zimmern zu bauen, die von den geräumigeren Dielen und Empfangshallen abgingen. In diesen gemütlicheren Räumlichkeiten kam das häusliche Leben zur Entfaltung. Und mindestens in einem dieser Zimmer – damals oft Kabinett genannt – brachte ein Mann von Stand seine Raritätensammlung unter.

LINKS Ein Panoramafenster am Arbeitsplatz kann inspirierend wirken. Dennoch sollte eine Jalousie vorhanden sein, die man herablassen kann, wenn Konzentration gefordert ist.

LINKS UNTEN Eine große Fenstertür sorgt für Tageslicht und macht diesen Raum zu einem friedvollen Rückzugsort mit ruhiger Atmosphäre.

RECHTE SEITE Kluge Beschränkung auf das Wesentliche und viel Tagesicht: Dieser perfekt gestaltete Arbeitsplatz ist klassisch und komfortabel. Hier kann man schöpferische Pausen wirklich genießen.

Hier war der Ort für wertvolle Bücher, kostbare kleine Kunstwerke und andere Kuriositäten, von Menschenhand geschaffen oder aus dem Reich der Natur. Mit der Zeit wurde das Sammlerkabinett vom sogenannten Studierzimmer abgelöst: ein friedvoller Rückzugsort zum Lesen und Arbeiten, wo aber auch interessante und schöne Gegenstände ausgestellt und vermeintlich männliche Genüsse wie das Rauchen gepflegt wurden. Das weibliche Pendant dazu war einst das Boudoir, eine Mischung aus Ankleidezimmer und Wohnraum und nach weiblichem Geschmack eingerichtet. Hier empfing die Dame des Hauses Freundinnen und ging als weiblich geltenden Beschäftigungen nach, wie Handarbeiten oder Malen.

Diese Sehnsucht nach einem persönlichen Rückzugsort ist bis heute erhalten geblieben. Begriffe wie »Studierzimmer« oder »Atelier« rufen angenehme Assoziationen hervor:

DIESE SEITE Ob groß oder klein – die richtige Beleuchtung ist an jedem Arbeitsplatz essenziell. Hier wird der Einfall von Tageslicht durch eine Jalousie mit breiten Lamellen geregelt und durch eine hohe Gelenklampe verstärkt.

OBEN UND RECHTS OBEN Ihr Arbeitsplatz muss nur so groß sein, wie Sie es wünschen. Der Bereich kann eine Wand einnehmen, eine Nische oder eine Ecke – gerade geräumig genug, um Tisch und Stuhl aufzunehmen. Alles Weitere ist zusätzlicher Luxus. Hilfreich ist viel Tageslicht. Außerdem wichtig sind eine elektrische Lichtquelle und die Möglichkeit, in unmittelbarer Nähe Arbeitsmaterialien zu verstauen. Unter solchen Bedingungen wurde jahrhundertelang großartige Arbeit geleistet!

Sie lassen an einen gemütlichen, mit den eigenen Lieblingsobjekten dekorierten Raum denken, der stets individuell ist und Rückschlüsse auf die eigenen Vorlieben zulässt. An einem Ort, der nur Ihnen vorbehalten ist, können Sie die Dinge um sich versammeln, die Sie entweder brauchen oder gerne um sich haben möchten. Er dient als Zufluchtsstätte, die zugleich beruhigt und inspiriert, als Unterschlupf, wo Sie Ihren Frieden finden. Eine höchst reizvolle Vorstellung: Hier können Sie für sich sein, schreiben, arbeiten, lesen oder einfach nachdenken – auch wenn andere im Raum sind.

Dieser persönliche Bereich kann durchaus in ein Zimmer integriert werden, das eigentlich einem anderen Zweck dient. Infrage

INSPIRIERENDE ORTE SCHAFFEN 13

DIESE SEITE In der kleinsten Hütte findet sich Raum zum Arbeiten. Platzsparend ist ein Schreibtisch wie das Modell »Covet« von »Case«. Es verfügt über eine integrierte Ablage unter der Glasplatte, tief und breit genug, um Unterlagen und Bücher zu verstauen.

RECHTS Bei beengten Platzverhältnissen ist ein Stuhl von Vorteil, der genau zwischen die integrierten Ablageelemente unter dem Schreibtisch passt. Die Kombination aus Tageslicht und einer effizienten Schreibtischlampe erlaubt es Ihnen, zu jeder Tages- und Nachtzeit zu arbeiten.

kommt etwa ein Gästezimmer oder das selten genutzte Esszimmer. Sie können sich auch eine Ecke in einem größeren belebten Zimmer einrichten. Das Wichtigste dabei: Alle sollten wissen, dass dieser Ort privat und nur Ihnen vorbehalten ist. Er muss nicht unbedingt »Betreten verboten!« signalisieren, sollte jedoch dem Spannungsfeld des häuslichen Alltags entzogen sein. Das Ziel ist es, einen geschützten Raum zu kreieren, selbst dann, wenn Sie hier hauptsächlich das Familienleben organisieren.

Damit Sie einen solchen Ort der Geborgenheit für sich schaffen können, sollten Sie

Schaffen Sie einen Bereich, der nur Ihnen und Ihrer Tätigkeit dient

sich zunächst klarmachen, wofür Sie diesen nutzen werden. Sind Sie selbstständig oder üben Sie eine freiberufliche Tätigkeit aus? Benötigen Sie ein Homeoffice, in dem Sie von zu Hause aus für Ihren anderswo ansässigen Arbeitgeber tätig sein können? Die rasanten technischen Fortschritte ermöglichen Kommunikation ohne Zeitverzögerung und bringen flexiblere Arbeitszeiten mit sich. Mehr Menschen denn je können von zu Hause aus arbeiten – und immer mehr Unternehmen ist daran gelegen, dass sie dies auch tun.

Benötigen Sie ein Büro für Ihre privaten Angelegenheiten, in dem Sie sich um den

INSPIRIERENDE ORTE SCHAFFEN 15

persönlichen Papierkram, die Finanzen, die Freizeitplanung und all die anderen, oft vergnüglichen, aber stets zeitaufwendigen Aspekte des familiären Lebens kümmern können?

Ob Sie Ihren Bereich nun privat oder gewerblich nutzen – diesen als »Büro« zu bezeichnen mag Ihnen widerstreben. Vielleicht plagt Sie die Sorge, die Einrichtung könnte zu aufwendig geraten, die entsprechende Ausstattung überdies hässlich und allzu funktional wirken? Es mag Sie beruhigen, dass Ihr Arbeitsbereich nur so perfekt organisiert sein muss, wie Sie es möchten. Seine Gestaltung muss weder mit großen Umräumaktionen noch Ausgaben verbunden sein: Ein Tisch in der Nähe eines Fensters, ein Laptop und ein Telefon

LINKS OBEN UND OBEN Ein Arbeitsplatz kann verschiedenste Einrichtungselemente miteinander kombinieren – teils speziell für den Zweck entworfen, teils nicht – und dennoch funktional sein. Die beiden Beispiele vereinen das streng Nützliche, wie Küchenstühle und Zeichenhocker, mit dem Wohnlichen, wie der alten Holztruhe.

RECHTE SEITE Spezielle Büromöbel, wie der ergonomisch gestaltete Eames-Stuhl und ein mattschwarzer Aktenschrank, stehen im interessanten Kontrast zur groben, unbehandelten Holzvertäfelung der Wand. Die Kombination wirkt harmonisch, die Balance stimmt.

DIESE SEITE Ein Schreibtisch oder eine Arbeitsplatte muss keineswegs versteckt werden oder möglichst unauffällig an der Wand stehen. Gerade ein Designerstück wie das Modell »Pablo« von »Porada« entfaltet seine volle Wirkung, wenn es kühn platziert wird – hier mit Blick in den Raum.

RECHTS UND GANZ RECHTS
Selbst der kleinste Winkel eines Raums kann einen effektiven Arbeitsplatz abgeben. Wie ein Chamäleon verwandelt sich dieser Arbeitstisch und wird im Handumdrehen zur dekorativen Zimmerecke. Eine hübsche, halb durchsichtige Jalousie, die gut zum Rest der Einrichtung passt, kann mühelos herabgelassen werden. Das Regal mit den Arbeitsmaterialien wird dahinter verborgen.

können ausreichend sein. Möglicherweise steht Ihnen ein ganzes geräumiges Zimmer zur Verfügung. Überlegen Sie, wie Sie Ihren Arbeitsplatz nutzen wollen und was Sie dafür genau brauchen. Vielleicht können Sie ganz auf spezielle Büromöbel verzichten. Diese sind oftmals nicht besonders ansehnlich, kommen sie doch in vielen Fällen im industriellen Einheitslook daher. Es könnte durchaus sein, dass Sie genau die richtigen Einrichtungsgegenstände bereits besitzen.

Vielleicht schwebt Ihnen gar kein Büro, sondern eher ein Kreativraum vor, den Sie für gewerbliche Projekte oder zu Ihrer persönlichen Erbauung nutzen wollen? Ein solcher Ort erlaubt es Ihnen, all die Dinge, die Sie für Ihre kreative Tätigkeit oder Ihr Handwerk benötigen, gut zu organisieren und wohlgeordnet aufzubewahren – ohne sie jeden Abend wegräumen zu müssen. Oft macht gerade das zu verarbeitende Material einen Ort zur Augenweide, seien es bunte Wollstränge, Farbeimer oder Stoffballen.

Ebenso legitim ist die Ausgestaltung eines Bereichs, an dem Sie Ihrem Hobby nachgehen können. Sämtliche Anleitungen, Informationen und Werkzeuge könnten endlich ihren eigenen Platz bekommen.

Entscheidend ist, dass Sie irgendwo in Ihrem Zuhause einen Ort finden, der einzig und allein für Sie reserviert ist. Alles Weitere ergibt sich von selbst.

Einrichtungselemente

DIESE ABBILDUNG Ein schlichter und funktional gestalteter Doppelarbeitsplatz: Dank des Fensters über den Bücherregalen erscheint der eher grob gezimmerte Schreibtisch in einem freundlichen Licht. Alles Weitere strahlt durch die Reduzierung auf das Wesentliche eine angenehme Ruhe aus. Der weiße Anstrich, die Holzvertäfelung und der Dielenboden entfalten ihre Wirkung von ganz alleine.

RECHTS Im Hinblick auf seinen besonderen Zweck wurde in diesem hellen Raum auf alles Überflüssige verzichtet: Hier trifft man sich, plant und diskutiert. Das viele Tageslicht sowie die blassen, ruhigen Farben der Wände und Möbel tragen zum passenden Ambiente für konzentriertes Arbeiten bei.

ORTE UND MÖBEL

Der Wunsch nach einem Platz für sich selbst im eigenen Zuhause dürfte für nahezu jeden Menschen erfüllbar sein. Tauschen Sie den Küchentisch gegen einen Schreibtisch mit ein paar Regalen ein! Wo können Sie sich mit Ihrem Computer oder Laptop und einem Telefon möglichst ungestört niederlassen? Wie bescheiden oder klein dieser Bereich auch sein mag – im Alltag macht es sofort einen Unterschied, wenn Sie ein Plätzchen ganz für sich alleine haben, und sei es noch so winzig. Sie arbeiten schlichtweg produktiver, effizienter und sogar kreativer.

Ein solcher Bereich lässt sich nicht nur aus praktischen Gründen rechtfertigen. Der spezielle Ort, um

DIESE ABBILDUNG Ein großer antiker Tisch aus Kiefernholz mit tiefen Besteckschubladen und darunterliegender Ablagefläche gibt einen effizienten Arbeitsplatz ab. In Kombination mit dem originellen Stuhl sieht das Ganze auch noch großartig aus.

RECHTE SEITE Dieses unkonventionelle Fleckchen wirkt auf den ersten Blick nicht unbedingt wie ein Arbeitsplatz. Der Bereich ist sehr persönlich und wurde mit Bedacht gestaltet. Auf einem oberen Treppenabsatz warten ein Tisch, ein Stuhl, gespitzte Bleistifte und ein Notizbuch auf ihren Einsatz.

die Familienfinanzen zu regeln oder sich um Geschäftliches zu kümmern, steigert die persönliche Zufriedenheit kolossal. Einer der vielen reizvollen Aspekte der Arbeit von zu Hause aus liegt darin, dass man sein Umfeld selbst gestalten und sich von konventionellen Vorstellungen, wie ein Büro auszusehen hat, verabschieden darf. Wenn Sie bei Ausstattung und Möbeln Ihren eigenen Vorlieben folgen, entsteht etwas ganz Neues.

LINKE SEITE UND LINKS Die beiden schlichten Arrangements zeigen, wie leicht sich bereits Vorhandenes nutzen lässt, um einen ruhigen, praktikablen Arbeitsplatz zu schaffen. Ob frisch gestrichen oder mit lebendigen Gebrauchsspuren: Alte Küchentische aus Kiefernholz eignen sich ob ihrer Schubladen perfekt, da diese Stauraum für Schreibpapier und sonstige Utensilien bieten. Mit dicken Kissen gepolstert, sind traditionelle Küchenstühle aus Holz durchaus ergonomisch, auch wenn sie zweckentfremdet wurden.

UNTEN Beim Schreibtisch »Yves« von Russel Pinch überzeugt das Design: Er wirkt plastisch und leicht zugleich. Integriert sind ein Fach für Büromaterial und eine erhöhte Fläche, auf der sich eine verstellbare Schreibtischlampe und so manches andere abstellen lässt. Die Arbeitsfläche selbst bleibt frei.

Ruhe ist ebenso wichtig wie Sitzkomfort und Ablagefläche

An dieser Stelle kommt die Ergonomie ins Spiel – ein Begriff, mit dem viele um sich werfen, um zu demonstrieren, dass sie etwas von Küchen- oder Bürodesign verstehen. Im weitesten Sinne geht es hierbei um die Kunst oder Wissenschaft, Einrichtungsobjekte

ORTE UND MÖBEL 27

LINKS Dieser diskrete und gut geplante Arbeitsbereich weist tiefe Regale auf und Flächen, die sich geräuschlos ausziehen lassen. Der Drehstuhl wäre auch in einem Schlafzimmer nicht fehl am Platz.

DIESE ABBILDUNG Ein schönes Beispiel für funktionales Design: Wenn er nicht gebraucht wird, kann dieser Arbeitsplatz in der Wand verschwinden. Eine Platte lässt sich so herunterklappen, dass sie zur Arbeitsfläche wird und ein sonst verborgenes Ablagesystem freigibt. Darüber nehmen tiefe Regale Ordner und andere Utensilien auf.

so zu gestalten, dass sie ihrem Zweck gerecht werden, und solche Stücke möglichst vorteilhaft miteinander zu kombinieren. Sie sind der Meinung, das sei nichts Neues? Tatsächlich ist etwa ein antiker georgianischer Schreibtisch perfekt auf den Benutzer zugeschnitten. Seine Höhe erlaubt entspanntes Sitzen, Schubladen und Regalböden sind so angebracht, dass alles schnell zur Hand ist.

Heutzutage scheint es bedauerlicherweise oft wichtiger zu sein, dass ein Möbelstück gut aussieht, als dass es seinen Zweck erfüllt. Jeder, der sich schon mit Rücken- oder Gelenkschmerzen im Büro herumschlagen musste, kann das bezeugen. Bei Ihrer Heimversion eines ergonomisch gestalteten Arbeitsplatzes sollten Sie also darauf achten, dass Arbeitsfläche und Stuhl die richtige Höhe haben. Alles, was Sie benötigen, sollte

in Griffweite und leicht zugänglich sein. Denken Sie immer daran, dass Ihr Arbeitsplatz zu Ihnen passen muss – und nicht umgekehrt. Alles Wichtige sollte in bequemer Entfernung voneinander angeordnet sein, ähnlich wie in der Küche, wo Spüle, Herd und Kühlschrank das sogenannte goldene Dreieck bilden.

Bei der Planung eines Arbeitsplatzes zu Hause kann eine Wunschliste hilfreich sein, auf der nicht nur die Dinge stehen, die Sie unbedingt brauchen – einen Tisch zum Arbeiten, einen Stuhl und Ablagefläche –, sondern auch all das, was Sie sich darüber hinaus für diesen persönlichen Ort wünschen. Wie bei allen Einrichtungsfragen gilt auch hier: Wenn das Grundgerüst stimmig ist, lässt sich der Rest relativ leicht umsetzen.

Versammeln Sie in Ihrem persönlichen Bereich Dinge um sich, die Ihnen Freude machen

LINKE SEITE Um der Gesamtgestaltung willen bietet es sich in vielen Fällen an, den privaten Bereich auf das größere Ganze abzustimmen. In diesem Atelier wurde ein langer, weiß gestrichener Zeichentisch auf Böcken mit einem Stuhlklassiker des 20. Jahrhunderts kombiniert und vor einem auffälligen Wandgemälde platziert, dessen Farbgebung in der überdimensionalen Stehlampe wiederkehrt. Eine große Blumenvase und die dekorativen Gegenstände unter dem Bild unterstreichen, dass Design hier ebenso wichtig ist wie Funktionalität.

RECHTS OBEN Dieser schöne antike Rollschreibtisch ist wunderbar zweckmäßig und braucht keinen weiteren Schmuck. Mit einer hohen Schreibtischlampe und einem bequemen Stuhl ist entspanntes Arbeiten garantiert.

RECHTS Dieser alte, weiß gestrichene Büroschreibtisch ist, für sich genommen, schon ein kompletter, kompakter Arbeitsplatz. Der Oberschrank bietet Platz zum Verstauen großer Ordner. Die vielen kleinen flachen Schubladen sind überaus praktisch und gehören im Grunde in jedes effiziente Büro.

Passen Sie die Höhe von Arbeitsfläche und Stuhl Ihren Bedürfnissen und Ihrer Tätigkeit an

Erste Priorität haben Ihre eigenen Bedürfnisse. Diese sind sehr individuell und können sich von den Bedingungen, unter denen Sie auswärts im Büro gearbeitet haben, unterscheiden. Denken Sie quer: Im Fokus sollten nicht Schreibtisch und Regale stehen, sondern die Frage, wie viel Platz Sie wirklich brauchen und an welcher Stelle.

Wahrscheinlich werden Sie eine horizontale Fläche in einer relativ niedrigen Höhe benötigen, darüber einige Ablageflächen sowie etwas geschlossenen Stauraum.

Unter den Basiselementen ist es sicher die Arbeitsfläche, für die man am ehesten eine einfache Lösung findet. Es kommt vor allem darauf an, dass die Höhe Ihren speziellen

LINKS Gerade ein frei stehender Schreibtisch muss so viel Platz bieten, dass Sie all Ihre Büroutensilien auf der Arbeitsfläche unterbringen können – vom Telefon über den Computer bis hin zur verstellbaren Leuchte.

RECHTS Das Design eines Bürostuhls muss nicht automatisch langweilig sein. Begibt man sich auf die Suche, wird man sicher auf Exemplare stoßen, die wirklich ansehnlich sind: eine Wohltat für Rücken und Wirbelsäule und obendrein noch elegant.

Anforderungen und Ihrer Tätigkeit entspricht – gleichgültig, ob Sie an einen maßgefertigten hochmodernen Schreibtisch denken oder ob Sie einen alten Tisch wieder verwenden wollen.

Der Stuhl sollte in erster Linie seinen Zweck erfüllen. Es ist allzu verführerisch, einen zu benutzen, der schon vorhanden ist oder der Ihnen besonders gut gefällt – doch wenn Sie über einen längeren Zeitraum sitzen, sollten Sie dies auf einem Stuhl tun, der eigens dafür entworfen wurde. Da langes Sitzen weder besonders natürlich noch gesund ist, muss der Stuhl Ihre Wirbelsäule optimal stützen, um Schmerzen im unteren Rücken vorzubeugen.

Die Wahl Ihrer Möbel wird selbstverständlich von Ihrem persönlichen Geschmack und Einrichtungsstil bestimmt. Ein klassischer Schreibtisch, ob antik oder neu, ist der Inbegriff des funktionalen Luxus. Solche Stü-

SO WIRD IHR BÜRO KOMFORTABEL

* Im Idealfall sollte die Höhe der Tischplatte zwischen 65 und 70 cm liegen.

* Die Ellbogen liegen in einem Winkel von 90 Grad auf der Arbeitsfläche auf.

* Die Höhe der Sitzfläche sollte 40 bis 50 cm betragen.

* Wenn die Füße flach auf dem Boden stehen, sollten sich Ihre Oberschenkel in waagerechter Position befinden.

* Ihr Rücken sollte die Rückenlehne des Stuhls berühren, die Arme sollten bequem auf der Arbeitsfläche ruhen.

* Halten Sie Ausschau nach einem verstellbaren Bürodrehstuhl mit Lordosenstütze.

* Ihre Arbeit sollte sich in bequemer Blickweite befinden. Ideal ist ein Abstand von maximal 70 cm zu den Augen.

cke fügen sich in der Regel leicht in ein größeres Gestaltungsschema ein und sind daher ideal, wenn Sie kein separates Arbeitszimmer haben. Wenn Sie andererseits mit einem ganzen Raum spielen können, ist alles erlaubt, was Ihren Vorlieben entspricht und was Ihr Budget zulässt, sei es ein antiker Refektoriumstisch, eine auf kleinen Aktenschränken balancierende Tür, eine moderne elliptische oder L-förmige Büroeinheit.

Wenn Sie zu einem eher konventionellen Grundriss tendieren, erwartet Sie ein breitgefächertes Angebot in zahlreichen Einrichtungshäusern und Geschäften, und zwar in jeder Preisklasse. Einbaumöbelsysteme gibt es nicht nur für Küche und Schlafzimmer, sondern auch fürs Büro. Wenn Sie diese Richtung einschlagen möchten, sollten Sie sich zunächst Klarheit darüber verschaffen, welche Kombination von offenen Regalen, Schubladen und Arbeitsflächen Sie benötigen. Da die große Auswahl leicht verwirren kann, sollten

LINKS OBEN UND OBEN Der Schreibtisch »Covet« von »Case« ist ein gelungenes Beispiel für modernes Büromöbeldesign. Er bietet nicht nur genügend Platz für bequemes Arbeiten, sondern lässt sich auch leicht in einen Beistell- oder Esstisch umfunktionieren. Flache, unsichtbar in den Rahmen eingelassene Schubladen und die Ablagemulde zwischen den Böcken sind integraler Bestandteil der Gestaltung.

RECHTE SEITE Zum schlichten Bürosystem »Portus Walnut« von Russell Pinch gehört ein praktischer Schreibtisch mit einer großzügig bemessenen Arbeitsfläche, der über Schubladen unterschiedlicher Höhe verfügt. Hier wird der Tisch mit einem Hängeregal kombiniert, das mit variablen, offenen und geschlossenen Fächern ausgestattet ist.

34 ORTE UND MÖBEL

DIESE SEITE Industriemöbel eignen sich oft besonders gut fürs Heimbüro. Sie sind ebenso funktional wie unkonventionell. Hier wurde einem Werktisch aus Metall ein altmodischer Drehstuhl zugeordnet. Die Wirkung ist grandios.

RECHTS Ein wirklich interessanter Stilmix entsteht durch die Kombination eines leichten, luftigen, fast fragilen Arbeitstisches mit einem robusten verstellbaren Stuhl.

Sie sich erst einmal einen Überblick verschaffen, bevor Sie Geld ausgeben: Schauen Sie sich Ausstellungen an, blättern Sie in Katalogen oder stöbern Sie im Internet.

Auf der Suche nach Möbeln, die zu Ihnen passen, können Sie auch durchaus interessante Nebenwege erkunden. Wenn Ihnen konventionelle Büromöbel nicht zusagen, denken Sie an Recycling im weitesten Sinne. Bevor die Wiederverwertung von Möbeln als Lebensstil aufkam, gab es bereits Antiquitätenhändler. Antiquitätengeschäfte und Antikmessen sind noch immer wahre Schatztruhen, deren Erkundung sich lohnt. Nicht ganz so romantisch vielleicht, aber ebenfalls sehr ergiebig sind Secondhand-Möbelgeschäfte, darunter auch solche, die Stücke aus Wohnungsauflösungen verkaufen. Seien Sie wählerisch und erfinderisch – ein unansehnlicher, aber stabiler Schreibtisch aus Holz, der eine ausreichende Arbeitsfläche und Schubladen in vernünftiger Größe hat, sieht in einer schönen Farbe gestrichen und mit glänzenden neuen Griffen ganz anders aus.

Interessante Quellen können Flohmärkte aller Art sein. Halten Sie Ausschau nach Internet-Tauschbörsen, bei denen Menschen, die für wenig Geld oder gar umsonst Dinge anbieten, mit Suchenden in Kontakt kommen. Ein Blick in Verschenk-Netzwerke im Internet, wie www.freecycle.de, mag sich manches Mal lohnen. Kurzum, je tiefer Sie in die Suche nach dem perfekten Möbelstück eintauchen, desto größer der Spaßfaktor.

Halten Sie auch an ungewohnten Orten Ausschau nach Möbeln. Oft werden Sie gerade dort fündig

ORTE UND MÖBEL 37

AUFBEWAHRUNG

DIESE ABBILDUNG Stauraum ist wichtig, doch es muss nicht alles aus einem Guss sein. Versuchen Sie es mit einem Stilmix: Kombinieren Sie etwa frei stehende Einheiten mit Regalen aus Holz und offenen Körben.

RECHTS Aufgefrischte Büromöbel wie dieser Planschrank mit neuem Anstrich und der Stuhl mit buntem Bezug vereinen die Vorteile von Spezialmöbeln mit dem originellen Touch eines Einzelstücks.

Stauraum ist in mehrfacher Hinsicht ungeheuer praktisch: Ihre Umgebung bleibt ordentlich und frei von Überflüssigem – insbesondere der Boden und die horizontalen Flächen. Sind Dinge intelligent verstaut, lässt sich alles Nötige jederzeit leicht finden. Es ist immer mehr zu verwahren, als man denkt. All die Dinge etwa, die aus unserem Blickfeld geraten sind, weil sie – im wahrsten Sinne des Wortes – von anderen überlagert wurden. Sie sollten sich etwas Zeit nehmen und zunächst herausfinden, was genau Sie wo und wie aufbewahren möchten.

Dann gilt es, die aufzubewahrenden Dinge auf ein Minimum zu reduzieren, insbesondere den Papierkram – denn trotz allen Geredes vom papierlosen Büro scheint er nicht weniger geworden zu sein.

Hier mein persönlicher, höchst unwissenschaftlicher Umgang mit der Papierflut: Jeden Morgen bewaffne ich mich als Erstes mit Stift, Papier, Kalender und Überweisungsformularen, sehe die angehäuften Papiere und Briefe durch und sortiere sie in die Stapel »Wegwerfen«, »Ablage« und »Bearbeiten«. Sind Rechnungen dabei, bezahle ich diese sofort.

LINKE SEITE Gerade wenn Sie wenig Platz haben, sollten Sie unbedingt ein Regalbrett einplanen – oder zwei oder drei. Und zwar überall dort in Ihrem Arbeitsbereich, wo es möglich ist. Ein Blickfang sind die in Farbe und Design einheitlichen Ablagekästen, die in unterschiedlichen Größen gruppiert sind.

DIESE SEITE Eine Schrankwand mit schönem Design ist eine wahre Augenweide. Hier lässt die Gestaltung jedes einzelnen Elements einen speziellen Zweck erkennen.

Einladungen, Briefe, Postkarten oder Anfragen beantworte ich möglichst zeitnah, entweder per E-Mail, Telefon oder Brief. Einmal in der Woche – bestenfalls am Montagmorgen – sehe ich die Stapel »Ablage« und »Bearbeiten« noch einmal durch und lasse mich zu weiteren Taten anregen. So bleibt das Ganze für mich beherrschbar, und ich behalte – mehr oder weniger – den Überblick.

Für das dauerhafte Aufbewahren von Dingen gilt: Idealerweise sollte alles griffbereit sein – das Nötige im Blick und der Rest im Verborgenen. Bestimmte Dinge möchte man vielleicht lieber verstecken. Ich persönlich finde Computer mitsamt Zubehör nicht besonders attraktiv. Alle Geräte, die ich brauche, bewahre ich in einem tiefen Regal auf, so weit unten wie möglich. Hier kann etwa der Drucker vor sich hin dröhnen, ohne dass mein Blick auf ihn fällt.

LINKS OBEN Rollwagen gibt es in allen erdenklichen Größen, Formen und Materialien. Sie sind sehr wendig und deshalb am Arbeitsplatz gut einsetzbar.

OBEN Die unterteilten Ablagefächer eignen sich für Aktenboxen. Auch große Papiermengen können leicht verstaut werden, das Büro sieht immer ordentlich und ansprechend aus.

RECHTE SEITE LINKS Ein ehemaliges Pflanzenregal aus Draht nimmt Bücher und Papiere auf. Selbst Bilder und Nippes sind gut aufgehoben.

RECHTE SEITE RECHTS Magazinboxen aus Sperrholz oder Pappe in ausreichender Menge bringen Ordnung. Darin verschwinden auch einzelne Bücher und Papiere.

AKTEN-RICHTLINIEN: WAS SIE WIE LANGE AUFBEWAHREN SOLLTEN

* Alle langfristig gültigen Dokumente – Grundbucheinträge, Versicherungspolicen usw. – sollten Sie dauerhaft aufbewahren.

* Wenn es ums Geld geht: Verträge über Sparguthaben und Kredite sollten Sie grundsätzlich bis zum Ende der Laufzeit, Kontoauszüge und Kreditkartenbelege mindestens drei Jahre lang aufbewahren. Geschäftsunterlagen dürfen prinzipiell erst nach zehn Jahren entsorgt werden.

* Sie sind gesetzlich verpflichtet, Steuerunterlagen für einen gewissen Zeitraum zu archivieren. Fragen Sie Ihr Finanzamt nach den jeweiligen Aufbewahrungsfristen. Im Zweifelsfall gilt: Lieber nicht wegwerfen!

* Bewahren Sie alle offiziellen Schriftstücke wie etwa Geburts-, Heirats- und Scheidungsurkunden sowie Totenscheine lebenslang auf. Es kostet sehr viel Zeit, Geld und Nerven, Duplikate bei Behörden zu beschaffen. Wichtige medizinische Unterlagen und ärztliche Gutachten sollten Sie ebenfalls behalten.

* Ihre Kinder werden es Ihnen vielleicht irgendwann danken, wenn Sie ihre Schulzeugnisse und Urkunden über Erfolge aller Art aufbewahren – etwa im Sport oder in der Musik.

* Die beste Möglichkeit, um all diese wichtigen Dinge griffbereit zu haben, ist ein feuerfester Metallbehälter, der sich – falls nötig – transportieren lässt.

Für viele Menschen ist ein wandfüllendes Ablagesystem die ultimative Antwort auf all diese Probleme: Eine maßgefertigte Schrankwand zum Verstecken und ein offenes Regal zum Ausstellen von Dingen. Die beste aller Lösungen mag teuer sein – doch auch einige einfache Regalbretter, die so viel Wandfläche bedecken wie möglich, bedeuten einen Gewinn. Ohne einige

LINKE SEITE RECHTS OBEN Einen kompakten Arbeitsplatz im Retrostil gibt dieser hübsche Vintage-Schreibtisch in Kombination mit einem ehemaligen Postsortierschrank ab. In den vielen Fächern lassen sich problemlos sämtliche Schriftstücke ablegen.

DIESE SEITE Ein großzügiger und gleichzeitig fast industriell wirkender Arbeitsbereich, der mit raumhohen Lagerhausregalen aus Metall auf den Charme des Schlichten und Praktischen setzt. Dazu passen die mächtigen Reihen großformatiger Pappkartons.

LINKE SEITE LINKS Ein Schreibtisch für zwei mit einem überaus effizienten, variablen Regalsystem auf Augenhöhe. Besondere Beachtung verdienen die Schiebetüren, die nach Bedarf Dinge verbergen oder freilegen, sowie die offene Ablageeinheit an der Wand, die von beiden Seiten zugänglich ist.

LINKE SEITE RECHTS UNTEN Einfach, kostengünstig und praktisch ist dieser kleine Eckbereich. Die schlichte Arbeitsfläche wird durch einen halbhohen schmalen Aktenschrank ergänzt. Die beiden Regalbretter sind an einer Schiene angebracht. Behälter aus Sperrholz und Korb lockern das Arrangement auf.

Regalmeter für Bücher, Schubfächer, Körbe und Aktenboxen wird es Ihnen kaum gelingen, Ordnung zu halten. Ob Sie sich mit Ihren Privatangelegenheiten beschäftigen oder einen Betrieb führen – Organisation ist alles. Sogar ein einziges Regalbrett auf einfachen Trägern macht einen Unterschied, und ein variables Regalsystem wird Ihr Leben nachhaltig verändern.

AUFBEWAHRUNG 45

DIESE ABBILDUNG Dieser Arbeitsplatz wurde sorgfältig geplant und durchdacht, um die letztlich sehr kleine Fläche optimal zu nutzen. Eine raumhohe offene Regalwand ist die perfekte Lösung, hier findet wirklich alles seinen Platz. Auf der anderen Seite des Fensters wurde ein halbrunder Schreibtisch mit zwei unterschiedlich hohen Ebenen platziert, wodurch der Raum weniger schmal wirkt, als er eigentlich ist.

RECHTE SEITE Offene Holzregale in Raumhöhe sehen gut aus und bieten ausreichend Ablagefläche. Hier werden Dinge entweder sichtbar aufbewahrt oder aber in offenen Boxen verstaut.

LINKE SEITE Dieses Regal besteht aus aufgearbeiteten Eisenbahnschwellen. Holzkisten bieten zusätzlichen Stauraum.

OBEN Die bunt zusammengewürfelten Taschen und Behältnisse unterhalb der Arbeitsfläche sorgen für Lebendigkeit.

RECHTS OBEN Praktisch: Das Bücherregal in der Wandnische ist direkt neben der eingebauten Tischplatte angebracht.

RECHTS Studie in Chrom: Der antike Tisch wird von einem Aktenschrank und Stuhl aus Metall flankiert. Auch die Bilder und der Heizkörper sind in entsprechenden Farbtönen gehalten.

Es muss kein maßgefertigtes Einbauregal sein. Ein einfacher Bücherschrank kann so verändert werden, dass nicht nur Bücher darin Platz finden. Vielleicht bevorzugen Sie ein Ablagesystem auf Rollen, das Sie nach Lust und Laune verschieben können. Ob hängend oder frei stehend, preiswert oder teuer, es gibt viele Möglichkeiten. Ein traditioneller Bücherschrank mit Regalen im oberen Teil und darunterliegenden Schrankelementen ist immer eine praktische Lösung.

AUFBEWAHRUNG 49

LINKS Ein Dachzimmer mit offenen Balken dient als funktionaler Arbeitsort. Der praktische Aspekt der massiven Tischplatte und des Industrieregals mit den ordentlich aufgereihten Aktenboxen neben den geschlossenen Schränken lässt den Raum umso reizvoller erscheinen.

RECHTE SEITE Ein Schriftstellertraum: endlose Regalmeter, auf denen sich Nachschlagewerke und Bücher als Inspirationsquelle unterbringen lassen. Dazu ein besonders breiter Schreibtisch, auf dem großzügig Papiere und Akten gestapelt werden können.

Eine Regalwand in der einen oder anderen Form gilt bei vielen als ultimative Lösung für alle Ablageprobleme

Selbst mit dem idealen Regalsystem benötigen Sie vermutlich noch immer eine Ablagemöglichkeit für Papiere. Aktenschränke bieten viele Vorteile, sind jedoch nicht unbedingt schön. Wenn Sie partout nicht ohne einen solchen auskommen: Überlegen Sie, ob zwei niedrige Elemente ausreichen. Unter der Tischplatte platziert, können sie gleichzeitig als Stütze dienen. Metallschränke lassen sich in fast allen Farben einsprühen oder aber mit Tapete, Geschenkpapier oder sogar mit Fronten aus Stoff verschönern.

Halten Sie außerdem Ausschau nach ungewöhnlichen Haken, vom Fleischer- bis zum Garderobenhaken. Küchenmöbel funktionieren möglicherweise gut in Ihrem Werkraum, ebenso Wäsche- und Badezimmerschränke, die oft so schmal sind, dass sie in die kleinste Ecke passen – und vielleicht auch zu Ihren ganz speziellen Anforderungen.

Fallbeispiel

Mark Smith, ein in London ansässiger Interior-Designer, glaubt an funktionalen, gut gestalteten Stauraum zu erschwinglichen Preisen.

In Marks einfachem, aber durchdachtem Büro liegt eine schwere Arbeitsplatte für zwei aus Holz und Melamin auf Aktenschränken. Diese sind so gruppiert, dass sie von beiden Seiten des Schreibtischs und vom Raum aus zugänglich sind. Auf dem Holzregal in einer Wandnische dienen Magazinboxen aus mattem Plexiglas als Ablage für Bücher und Papiere. Direkt darunter werden Zeitschriften in denselben Behältern ausgestellt – hier zeigt jedoch der niedrige Rücken nach vorne. In den aufeinandergestapelten durchsichtigen Plastikboxen lässt sich fast alles aufbewahren, vom Haushaltsgummi bis zur Büroklammer.

OBEN In der Wandnische neben dem Kamin ist ein tiefes Regal eingelassen, das von einer Seite des Doppelschreibtischs aus zugänglich ist: perfekte Ordnung für Bücher und Zeitschriften!

RECHTS In flachen Plastikboxen lassen sich kleine Dinge unterbringen. Sie sind so ansehnlich, dass man sie nicht verstecken muss – zu finden beim Büroausstatter, Bastelbedarf oder im Baumarkt.

RECHTE SEITE Wer reduzierten Schick mag, sollte immer gleichermaßen auf Design und Funktionalität achten. Hier stört nichts das Auge – weder Arbeitsleuchte noch Drucker oder Stiftehalter.

ARBEITSBELEUCHTUNG

Licht gehört zu den Grundbedürfnissen des Menschen. Mit dem Thema Beleuchtung gehen wir jedoch heutzutage ganz anders um als unsere Vorfahren – zu Zeiten, in denen es lediglich die Alternative Dunkelheit oder Licht, hell oder düster gab. Amüsanterweise empörten sich die Damen bei der Einführung von Strom in wohlhabenden Haushalten darüber, dass ein derart helles Licht ihre zuvor geheimnisvoll umschattete Schönheit erbarmungslos ausleuchtete.

Heute wissen wir, dass die Beleuchtung für die Wirkung eines Raums essenziell ist. Außerdem beeinflussen die Lichtverhältnisse den Gefühlshaushalt – und das ist das Entscheidende an einem

LINKE SEITE Ein verstellbares Paar Vintage-Lampen ziert beide Seiten des Arbeitstischs, während eine Hängeleuchte für Helligkeit sorgt.

LINKS UNTEN Diese Klemmleuchte mit Gelenk ist sowohl praktisch als auch wandelbar. In anpassungsfähigem Metallic-Grau gehalten, kommt sie in einem dekorativen Ambiente ebenso zur Geltung wie an einem Schreibtisch.

UNTEN Mit dem schweren Fuß und dem übergroßen Metallschirm setzt diese industriell anmutende Lampe gestalterisch ein Zeichen. Obendrein ist sie auch noch absolut funktional.

kreativen, nur Ihnen vorbehalteten Ort. Unzureichendes Licht bedeutet, dass Sie sich anstrengen müssen, um zu erkennen, was Sie gerade tun. Das kann Ihrer Gesundheit schaden. Gute, geschickt platzierte Leuchten, die das Licht dorthin lenken, wo es gebraucht wird, haben hingegen eine positive Wirkung auf Stimmung und Arbeit.

Beleuchtung hat sich zu einem komplexen Thema entwickelt. Von der Idee einer einzigen zentralen Lichtquelle – einer Deckenleuchte etwa –, ergänzt um einige Stand- oder Tischleuchten, haben wir uns längst verabschiedet. Es gibt unzählige raffinierte Designerlösungen und Lichtkonzepte für alle denkbaren Situationen und Räume, abgestimmt auf Ihre individuellen Bedürfnisse und Wünsche.

Auch bei der Beleuchtung kommt es zuallererst darauf an, ob Ihr Arbeitsbereich Teil eines größeren Raums ist oder ob Ihnen ein

LINKS OBEN Wie in einer altmodischen Zeitungsredaktion sieht es in diesem Büro aus: Ein alter Schreibtisch aus Holz und eine Ansammlung von Akten und Schubladen werden von einer Schreibtischlampe aus Metall beleuchtet, die perfekt zum Ambiente passt.

OBEN Ein Rollo aus Seidenstoff im Bananenblatt-Design von Andrew Martin, das mit einem kontrastierenden Band verstellt werden kann, hält diskret das Tageslicht fern. Die klassische Schreibtischlampe aus Metall kommt bei Arbeiten im Nahbereich zum Einsatz.

56 ARBEITSBELEUCHTUNG

DIESE SEITE In diesem komfortablen Arbeitszimmer fühlt man sich in die Mitte des unlängst zu Ende gegangenen 20. Jahrhunderts zurückversetzt. Durch ein großes Fenster fällt Tageslicht herein, auf dem Schreibtisch lenkt ein Arrangement aus einer hohen, verstellbaren Leuchte, einem klobigen Bakelit-Telefon, einem Tintenfass und Stiften die Blicke auf sich. Messingschienen nehmen kleinere Objekte auf, ein Stuhl mit Korbgeflecht rundet das Bild ab. So zeitlos die Szenerie auch wirkt – aus einem kleinen Einbau-Bücherschrank lugt ein Computerbildschirm hervor, und weitere Hinweise auf unsere heutige Arbeitswelt sind mit Sicherheit in dem unauffälligen Schrank verborgen.

DIESE SEITE In diesem lichtdurchfluteten Raum wurde auf eine spezielle Arbeitslampe verzichtet. Leuchten für die Umgebungshelligkeit müssen nicht zweckmäßig gestaltet sein – hier ist es ein zarter Kristallüster, bestückt mit Kerzen, der den Raum erhellt.

RECHTS Klug gewählte Wandleuchten sind praktisch und halten wertvollen Schreibtischplatz frei. Diese originellen Lampen in einem Haus am Meer sehen aus, als wären sie aus Treibholz gefertigt. Die Lampenschirme aus Stroh wirken rustikal-ländlich.

separates Zimmer zur Verfügung steht. Dann stellt sich die Frage, welcher Beschäftigung Sie dort nachgehen möchten. Setzen Sie in jedem Fall mehrere Lichtquellen mit verschiedenen Lichtqualitäten ein. Ein Mix aus Umgebungs- und Hintergrundbeleuchtung unterstützt die entscheidende Arbeitsleuchte. Verschiedene Tätigkeiten erfordern unterschiedliche Beleuchtungstypen: Für Schreibtischarbeiter ist gutes Licht mindestens ebenso wichtig wie der Stuhl und der Schreibtisch selbst. Wenn es bei Ihrer Beschäftigung aufs Detail ankommt – ob Sie nun malen oder mit Metall arbeiten –, kön-

Wichtig sind mehrere Lichtquellen, die einen Mix aus Umgebungshelligkeit und gezielter Beleuchtung liefern

nen sogar mehrere verschiedene, gezielt ausgerichtete Leuchten sinnvoll sein.

Listen Sie zunächst alle Tätigkeiten auf, die Sie an diesem Ort ausüben werden. Vielleicht möchten Sie sowohl lesen und schreiben als auch feine Handarbeiten ausführen? Und falls dem so ist: Brauchen Sie für jede Aktivität eine andere Lichtquelle?

Tageslicht ist immer von Vorteil, denn mit natürlichem Licht lässt es sich am besten arbeiten. Beschäftigen Sie sich also genauer mit den gegebenen Lichtverhältnissen: Wie groß sind die Fenster, die Ihren Arbeitsplatz erhellen, in welche Himmelsrichtungen zeigen sie, ist das Licht im Raum warm oder kalt, und wie verändert es sich im Laufe des Tages?

ARBEITSBELEUCHTUNG 59

In diesem hellen Raum kann das Tageslicht bei Bedarf durch Lamellenjalousien gedämpft und durch eine Allzweck-Gelenkleuchte verstärkt werden. Diese ist am Schreibtisch befestigt und kann exakt dorthin ausgerichtet werden, wo Arbeitslicht benötigt wird.

Ihr Arbeitsplatz sollte möglichst nahe am Fenster liegen, ein Zuviel an Tageslicht gibt es nicht. Es muss jedoch stets mit künstlicher Beleuchtung ergänzt werden – sei es nur für trübe Tage oder die Abendstunden. Vermutlich werden Sie eine Jalousie brauchen, um die Sonneneinstrahlung zu regulieren. Wenn Sie am Computer arbeiten, sollte der Schreibtisch so platziert werden, dass das Licht nicht direkt auf den Bildschirm fällt.

Für Arbeiten im Nahbereich ist eine Arbeitsleuchte am besten, die das Licht bündelt und sich gezielt auf bestimmte Zonen ausrichten lässt. Die Leuchte sollte so platziert sein, dass kein Schatten auf die Arbeit fällt. Die Designvielfalt bei Leuchten ist schier unerschöpflich. Für viele Künstler und Schriftsteller bleibt jedoch die traditionelle Gelenkleuchte die bevorzugte Lösung. Die »Anglepoise« gilt dabei als Designklassiker und wurde erstmals 1933 von George Cawardine hergestellt. Bei ihrer Gestaltung standen die Gelenke eines menschlichen Arms Modell. Sie hat viele moderne, ebenso schöne wie funktionale Versionen inspiriert. Zunehmend entwerfen Designer auch spezielle Leuchten für die Arbeit am Computer – sie

In diesem Atelier muss der zentrale Bereich des Arbeitstischs gut ausgeleuchtet sein. Das Problem wurde auf originelle Weise mit einer übergroßen Industrielampe gelöst, die herabhängt und per Flaschenzug höhenregulierbar ist.

Intensives Arbeiten im Nahbereich erfordert ein flexibles Beleuchtungskonzept. Hier können gleich drei verstellbare Gelenklampen getrennt oder gemeinsam Schlaglichter auf verschiedene Zonen der Arbeitsfläche werfen.

Wo zwei oder mehr Menschen zusammen arbeiten, ist eine ausreichende Anzahl an Leuchten unerlässlich. Mehrere, auch relativ preiswerte Lampen können einem schlichten Arbeitsplatz einen Hauch von Luxus verleihen.

LINKS Das Konzept der verstellbaren Gelenkleuchte reicht ins 20. Jahrhundert zurück. Diese moderne Variante von »Babylon Design« stellt eine faszinierende Kombination von fast fragiler Zartheit, Feinmechanik und ausgefeilter Elektronik dar.

RECHTE SEITE Eine Stehlampe von natürlich anmutender Schönheit von »Babylon Design« steht inmitten einer ganzen Schar anderer Lampen unterschiedlicher Höhe und Funktion. Das sorgt in diesem Raum für höchste Flexibilität.

Auch moderne Versionen der Original-»Anglepoise«-Lampe sind oft schön und funktional zugleich

sind ebenso hoch wie traditionelle Schreibtischlampen, haben aber einen schmalen, elliptischen, schwenkbaren Schirm, womit der gesamte Bildschirm ausgeleuchtet wird.

Auch Wandleuchten können gezielt ausgerichtet werden, insofern sie schwenkbar sind. Sie haben den Vorteil, dass sie keinen Platz auf dem Schreibtisch beanspruchen. Wenn über Ihrer Arbeitsplatte Regale angebracht sind, kommen auch Deckenleuchten infrage: Downlights etwa, die für den Einbau in der Küche entworfen wurden. Generell sollten Sie auch Leuchten in Betracht ziehen, die für andere Einsatzbereiche gemacht sind – verstellbare, an der Wand befestigte Leseleuchten fürs Schlafzimmer etwa sind praktisch und vielseitig einsetzbar.

Für Räume ohne Stromanschluss bieten sich solarbetriebene Tisch- und Standleuchten an – ideal für ein Gartenatelier.

Und vergessen Sie nicht: Auch wenn das Arbeitslicht im Fokus steht, ist es doch angenehm, zusätzlich einige Lampen um sich zu haben, die Freude machen, weil sie dekorativ, originell oder einfach Kult sind. Platzieren Sie Ihre Schätze dort, wo sie besonders gut zur Geltung kommen. Es geht um den perfekten Raum, der nur für Sie da ist.

GESTALTUNG

Ob Sie ein separates Zimmer oder einen noch so kleinen Bereich Ihr Eigen nennen: Behalten Sie im Blick, dass die Gestaltung des Raums Sie bei Ihrer Arbeit inspirieren sollte. Dekorieren Sie großzügig – dafür müssen Sie keineswegs ein großzügiges Budget veranschlagen. Ihr Arbeitsplatz sollte – nein, muss – ein Ort sein, der Ihre Kreativität fördert, und je eher dieser Ort Ihren Vorstellungen entspricht, desto inspirierter werden Sie sein. Denken Sie beispielsweise an Bilder: Wäre es nicht schön, Ihr Lieblingsbild an der Wand hängen zu sehen, wenn Sie von der Arbeit aufblicken? Warum richten Sie nicht eine Mini-Bildergalerie um den Schreibtisch herum ein? Das von der Großmutter geerbte gute Stück aus Porzellan, das nur für Sie etwas Besonderes ist, macht sich gut auf einem Regal in Ihrer unmittelbaren Nähe. Es mag um Ihren Arbeitsplatz gehen – doch sollte dieser gleichzeitig ein Ort für einige jener Dinge sein, die Ihnen lieb und teuer sind. Denken Sie an Ihre Lieblingsbücher, -postkarten und andere Objekte, deren Anblick Sie in Hochstimmung versetzt.

Es liegt auf der Hand, dass die Farben, die Sie für Ihren privaten Bereich wählen, wesentlich zu Ihrem Wohlbefinden beitragen. Auch wenn es sich eher um ein Büro als um eine Werkstatt handelt, gibt es keinen Grund, an der neutralen Farbpalette festzuhalten, die Bürodesigner und Manager in der Geschäftswelt so lieben. Vielleicht sind Sie der Typ, der positiv auf kräftige Farben reagiert und sich von diesen stimulieren und inspirieren lässt. Oder Sie gehören zu den Menschen, deren Kreativität eher durch

LINKS Ein harmonischer Arbeitsbereich ist diese Komposition in Weiß. Der Stuhl aus Chrom und weißem Leder bringt Glamour hinein, die auffällig gemusterte Tapete macht die ansonsten langweilige Wand hinter dem Schreibtisch lebendig. Ein schönes Beispiel dafür, wie gut es tut, persönliche Vorlieben in die Gestaltung einfließen zu lassen.

DIESE SEITE Einfach, aber wirkungsvoll: An der Wand hinter dem Arbeitstisch ist eine Leine gespannt, an der in bequemer Reichweite alle möglichen nützlichen und dekorativen Objekte hängen.

Gerade an Ihrem Arbeitsplatz sollten Sie Dinge um sich versammeln, die Ihnen besonders am Herzen liegen

LINKE SEITE Mit viel Fantasie wurde die Wand hinter dem Schreibtisch gestaltet: Hier hängt alles Mögliche, was dem Arbeitsplatz eine persönliche Note verleiht, von hübschen Ansichtskarten bis zu Stoffproben. Seitlich verbirgt ein Vorhang in kräftigen Farben Regale voller Aktenordner.

DIESE SEITE In der Ecke eines minimalistischen, weiß gestrichenen Raums entstand ein Inspiration-Board über dem Tisch auf Böcken: eine Wand zur Anregung der Kreativität, bedeckt mit einer Collage aus Kinderzeichnungen, Skizzen, Kunstpostkarten und sogar kleinen Hand- und Fußabdrücken.

ruhige, sanfte Farben angeregt wird. Farbe ist nicht nur ein Thema für Wände, sondern auch für Möbel. Ein neuer Anstrich ist sicher die einfachste Methode, um einen ganz gewöhnlichen Tisch oder eine langweilige Schubladenkommode zu verwandeln. Doch denken Sie auch an den Einsatz von Textilien, um unattraktive Ecken oder den Raum unter der Treppe zu beleben. Es muss nicht unbedingt Dekostoff sein. Bringen Sie zum

LINKS Dieses wohlorganisierte Arbeitszimmer bietet alle Annehmlichkeiten, die man sich nur wünschen kann: einen großen Schreibtisch mit verstellbarer Leuchte und großzügiger Ablage, außerdem ein Inspiration-Board voller Skizzen, Zeichnungen und Fotos als Ideengeber. Besonders schön ist das Fenster mit Blick in den sich ständig wandelnden Garten.

RECHTS Viele Menschen empfinden ein Gartenzimmer als idealen Ort, um für sich zu sein. Hier ist man in der Nähe des häuslichen Lebens und doch in einiger Entfernung davon – ein Arrangement, das so manchen Vorzug mit sich bringt. Hinzu kommt das Vergnügen, in die Natur zu schauen. Sie ist schön, in steter Veränderung begriffen und immer inspirierend.

Einsatz, was Sie anspricht, z. B. einen bunten Seidenschal mit Fransen, Sariseide oder ein übergroßes Tuch mit Leopardenmuster.

Es macht Spaß, den unvermeidlichen Kleinkram in Behältnissen zu verstauen, die eigentlich für etwas anderes gedacht sind: Lieblingsbecher unterschiedlicher Größe,

Wenn Sie Ausblick auf einen Garten haben, braucht Ihr Auge keine weitere Zerstreuung

die Stifte oder Pinsel beherbergen, Weinkisten mit dem Stempel eines Châteaus aus Bordeaux oder dem Burgund, die großartig aussehen und in denen sich viel unterbringen lässt, dekorative Schachteln und Dosen aus Holz, Porzellan oder Metall für Büroutensilien. Sehr empfehlenswert ist ein offener Behälter, in dem Ihre Telefone wie Erdmännchen stehen können. Mobiltelefone und schnurlose Festnetztelefone sind zwar praktisch, verschwinden aber allzu leicht unter den Papieren. Ein fester Platz erspart Ihnen lästige Minuten verzweifelten Wühlens, während es kläglich vor sich hin läutet.

GESTALTUNG 71

Fallbeispiel

Neisha Crosland gehört zu den führenden Textildesignerinnen unserer Zeit. Ihre kreative Basis ist ein großer, lichtdurchfluteter Raum in ihrem historischen Haus in London.

Neisha ist eine wahre Meisterin der Muster – und eine Textildesignerin, die ihre Fühler überallhin ausstreckt. Sie entwirft natürlich Stoffe, gestaltet jedoch auch Kissen und Tapeten, Briefpapier, Teppiche, Kacheln und sogar auffällige Handtaschen. Sich selbst bezeichnet sie als ordentlichen Menschen. Die Natur ist eine ihrer wichtigsten Inspirationsquellen, sie liebt etwa »die Art, wie die Natur Blätter, Blütenblätter und Stempel« ausformt. Statt einer konventionellen Pinnwand lehnt bei Neisha Crosland ein großer Spiegel an der Wand hinter dem Stuhl. Der Rahmen ist von oben bis unten mit Objekten bedeckt, die ihre Kreativität fördern und Erinnerungen wecken: Lieblingsgemälde im Postkartenformat, alte Stoffreste mit allerlei Mustern und Designs, die ihr besonders gut gefallen. Das dient nicht nur der Inspiration, sondern trägt obendrein auch zur coolen Atmosphäre und ruhigen Ausstrahlung dieses einfachen und sonnigen Raums bei.

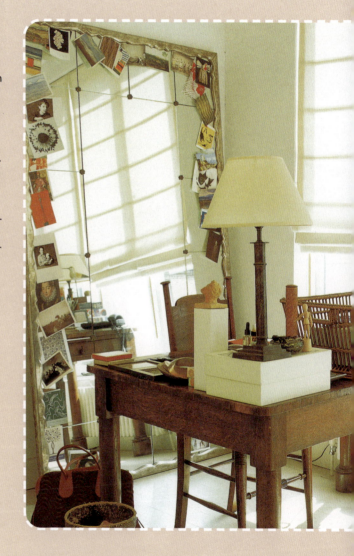

72 GESTALTUNG

DIESE DOPPELSEITE Neisha Croslands Atelier ist lichtdurchflutet. Die verstellbaren transparenten Jalousien mildern das Tageslicht ab. Überall finden sich Inspirationsquellen, wobei ihre Anordnung System hat: Der große Bodenspiegel, der hinter dem Schreibtisch an der Wand lehnt, dient als riesiger Rahmen für eine Sammlung von Postkarten. Auf einem Sideboard steht, genau auf Augenhöhe, eine Serie von Gemälden.

Räume

LINKS Besonders elegant und stilvoll wirkt dieses Arbeitszimmer, das dennoch sehr funktional ist. Es wird vom schön gestalteten und großzügigen Schranksystem an der Wand dominiert: Hier findet wirklich alles seinen Platz.

OBEN In der Ecke eines Raums wurde ein Büro in der klassischen L-Form angelegt. Dieser Grundriss ist ideal für einen Arbeitsplatz: Er bietet ausreichend Stauraum in Griffweite und erlaubt eine flexible Gestaltung.

BÜROS

Das Büro wird wohl kaum der Küche als Herz des Zuhauses den Rang ablaufen können. Tatsache ist jedoch, dass das Internet und die damit einhergehenden technischen Voraussetzungen die Organisation des häuslichen Lebens stark verändert hat: In den meisten Haushalten muss Platz für einen Computer eingeplant

DIESE DOPPELSEITE Eine erhöhte Ebene ist die Basis für diesen perfekten Arbeitsplatz. Die Fensterfront bietet einen spektakulären Panoramablick über Los Angeles. Der Schreibtisch ist so lang, dass man die Aussicht auch genießen kann. Ein Stuhl lädt zum Arbeiten ein, ein anderer zum Nachdenken. Dazu kommen ein großzügiges Regal und hochmoderne Richtungslampen – fertig ist das Büro für den Weltenherrscher.

DIESE SEITE Dank einer raumhohen Jalousie lässt sich das helle Tageslicht an diesem L-förmigen Arbeitsplatz regulieren. Der Eindruck des rein Funktionalen wird durch das rechte Maß an Dekorativem abgemildert. Für ästhetisches Vergnügen sorgen außerdem der große Deckenventilator und eine niedrige Hängeleuchte.

RECHTS Diese Büroeinrichtung, eine Sinfonie in Holz mit poliertem Holzschreibtisch und frei stehendem Aktenschrank, greift skandinavisches Möbeldesign der 1950er Jahre auf. Die klaren Linien und freien Flächen erscheinen heute ebenso reizvoll und praktisch wie damals.

werden. Dieser wird unter anderem dazu genutzt, Waren und Dienstleistungen online zu bestellen. Via Internet bezahlen wir auch Rechnungen, führen das Bankkonto, buchen Urlaubsreisen. All diese Transaktionen wollen dokumentiert, die entsprechenden Kontaktdaten gespeichert sein. Tatsächlich mag unser Leben durch die Entwicklung der Kommunikationstechnik in vielerlei Hinsicht leichter geworden sein – in jedem Fall hat sie dazu geführt, dass ein Büro im eigenen Zuhause heute praktisch unverzichtbar ist.

In diesem Kapitel gehen wir von der Annahme aus, dass Sie zu den Glücklichen gehören, denen ein kompletter Raum zur Verfügung steht, in dem Sie sich ausbreiten und arbeiten können. »Ein Zimmer für sich

Aktenschrank, Computer und Schreibtisch – sorgfältig geplante Räume machen die Arbeit zum Vergnügen

allein«, um mit Virginia Woolf zu sprechen, ein Ort, der nur einem selbst vorbehalten ist, das ist wahres Glück – so klein er auch sein mag. Kurioserweise kommt es auf die Größe nicht an. Viele Menschen behaupten sogar, dass ein kleiner Raum besser geeignet sei als ein großer, da kleinere Arbeitszimmer zumeist auf Anhieb und ohne viel Zutun als private Bereiche erkennbar sind. Das Studierzimmer war schon immer ein intimer Ort:

Dieses schöne Studierzimmer ist in jeder Hinsicht bequem und stilvoll eingerichtet – von der Lampe im klassischen Design bis hin zum Stuhl und dem schwarz lackierten Schreibtisch. Hier kann keine trockene Büroatmosphäre aufkommen.

Das Geheimnis eines schönen Büros im eigenen Zuhause liegt in der ausgewogenen Kombination bequemer Allzweckmöbel, gut gestalteter Aufbewahrungssysteme und sorgfältig ausgewählter Dekoobjekte. Dabei sollte nichts deplatziert wirken. Wer mag, kann auf die Katze verzichten.

Fallbeispiel

Die ideale Lösung gibt es selten. Dieses Büro für zwei – der Arbeitsplatz von Ingrid und Avinash Persuad – kommt der Vorstellung von Perfektion schon sehr nahe.

Kluges Design und das gelungene Ablagesystem machen es möglich: In diesem so luftigen wie offenen, sonnendurchfluteten und modernen Büro kann man zu zweit ebenso gut arbeiten wie alleine. Das Durcheinander, das allzu leicht entsteht, wenn zwei Personen sich einen Arbeitsplatz teilen, wird durch die eingebauten Rollläden minimiert – wichtige Kleinteile verschwinden einfach dahinter.

OBEN Die Regalfächer sind breit und so tief, dass sämtliche Nachschlagewerke geordnet darin stehen können. Die Bücher hat man immer schnell zur Hand.

RECHTS Die Komposition aus neun Wanduhren über zwei klassischen Eames-Schaukelstühlen macht nicht nur das Sitzen zum Vergnügen, sondern erfreut auch das Auge.

84 BÜROS

DIESE SEITE Auf geschlossenen Schubladenelementen ruht eine Tischplatte, die so lang ist, dass zwei Personen bequem daran arbeiten können. Die darüberliegenden offenen Regale sind leicht zugänglich. In den Nischenregalen daneben finden aufeinander abgestimmte Aktenboxen Platz.

BÜROS 85

Hier war alles, was benötigt wurde oder erwünscht war, sofort zur Hand, und zwar hinter der geschlossenen Tür.

Ein ungenutztes Zimmer ist ideal geeignet für ein Homeoffice, doch anders als in den weitläufigen Häusern früherer Zeiten dürfte ein solcher Fund heutzutage selten sein. Also ist es nötig, einen bestehenden Raum umzugestalten oder gar einen neuen zu schaffen.

Wenn ein Zimmer in Beschlag genommen werden muss, fällt die Wahl zumeist auf das Gäste- oder ein überzähliges Schlafzimmer, also auf einen Raum mit Stromanschluss, Heizung und einer Tür, die man hinter sich schließen kann. Eine bessere Lösung ist kaum vor-

OBEN Dieses Büro ist ein perfektes Beispiel für eine Raumgestaltung, die auf die Persönlichkeit seines Nutzers zugeschnitten ist: Hier herrscht maßvolle Ordnung, alles wirkt präzise und unter Kontrolle.

RECHTS Ein wirklich individueller, leicht versponnen wirkender Arbeitsplatz: Hier ist alles Wichtige in Griffweite, obschon die Art der Aufbewahrung eher ungewöhnlich ist. Große Bücher und sperrige Gegenstände etwa sind in großen Holzkisten untergebracht.

86 BÜROS

stellbar – außer für all diejenigen, die den Raum weiter zu dem ursprünglichen Zweck nutzen wollen und darin in erster Linie ein Schlafzimmer sehen. Doch Vorsicht: Eine halbherzige Umwandlung funktioniert nicht. Wenn Sie meinen, den richtigen Ort für sich gefunden zu haben, entfernen Sie das Bett und suchen Sie einen anderen Platz dafür.

BÜROS 87

Oder aber Sie teilen einen Arbeitsbereich mit einem Vorhang, einem Wandschirm oder Möbeln ab. Solange der Raum als Gästezimmer dient, benötigen Sie ein hübsches, aber unauffälliges Ablage- und Schranksystem, in dem sie Ihre Unterlagen aufbewahren können. Denken Sie auch über ein gutes Schlafsofa nach, das verleiht Ihrem Arbeitsraum ein weitaus professionelleres Aussehen.

Aller Wahrscheinlichkeit nach muss eine passende Räumlichkeit zunächst entdeckt und sodann umgestaltet werden: Infrage kommt etwa ein Dachboden, der hoch genug ist, um aufrecht darin stehen zu können, oder ein Abstell- oder Kellerraum, in dem

Je mehr persönliche Dinge Sie um sich haben, desto wohler fühlen Sie sich

noch nie jemand gewohnt hat. Manchmal lässt sich sogar eine Garage ohne großen finanziellen Aufwand umfunktionieren.

In vielerlei Hinsicht ist der Dachboden ideal, da man hier von der Geräuschkulisse und der Betriebsamkeit des Familienlebens

LINKE SEITE Das Studierzimmer vergangener Zeiten war der Ort, an dem der Besitzer seine Lieblingsgegenstände aufbewahrte. Dieser Tradition folgt ein moderner Sammler, wenn er in seinem Arbeitszimmer ungewöhnliche Objekte um sich schart – kostbar, selten und immer interessant. Alles wird optimal zur Schau gestellt.

OBEN In einer Ecke des Raums gibt es verschiedenste Dinge auf allen Ebenen zu betrachten: einen Holzstuhl aus der Arts-and-Crafts-Bewegung beispielsweise sowie Bücher mit Ledereinband und frühe Fotografien. Trotz ihrer unterschiedlichen Größe bilden sie eine harmonische Komposition.

BÜROS 89

Doch selbst dann sollten Sie in Erwägung ziehen, einen professionellen Tischler für den Umbau zu engagieren. Er weiß, wie jeder Quadratzentimeter genutzt werden kann und wie man Stauraum schafft – sogar in verwinkelten Ecken. Auch wenn Sie für den Ausbau des Dachbodens vielleicht keine Baugenehmigung benötigen: Es ist wichtig, sich über die geltenden Bauvorschriften zu informieren und abzuklären, ob Sie etwa, der Statik wegen, den Boden verstärken müssen.

Eine andere Option ist der Keller. Sofern Sie keine zusätzlichen Außentüren und Fenster einbauen wollen, werden Sie wohl auf eine Baugenehmigung verzichten können. Dennoch ist es vernünftig, sich Informatio-

Ein ruhiger Ort – fernab von der Betriebsamkeit des Familienlebens – ist ideal für Ihr Homeoffice

abgeschirmt ist. Es gibt Räume unter dem Dach, die besser geeignet sind als andere: Fenster sind wichtig, und je höher die Decke, desto angenehmer. Falls der Dachboden schon einmal als Wohnraum genutzt wurde, können Sie ihn eventuell selbst umgestalten.

LINKS OBEN Kluge Planung und professionelle Schreinerarbeiten machen es möglich: In einer Ecke dieses sonnigen Raums im obersten Stockwerk des Hauses steht ein einfacher, perfekt organisierter Arbeitsplatz zur Verfügung. Weiß gestrichenes Holz – auch am Boden – lässt den Bereich großzügig und geräumig wirken.

RECHTE SEITE Unter dem Dach eines ehemaligen Fabrikgebäudes wurde ein kleiner, aber hübscher Arbeitsbereich eingerichtet. Er bietet gerade genügend Platz für Tisch und Stuhl, die bodentiefen Fenster und Innentüren aus Glas sorgen für viel Tageslicht. Die Schreibtischlampe hängt an einem Original-Flaschenzug.

LINKE SEITE Ein Regalsystem passt in jeden Raum. In vielen Fällen genügt dies, um im Handumdrehen einen Arbeitsplatz zu schaffen, der in jeder Hinsicht funktioniert. In diesem einladenden Arbeitszimmer stehen auf dem untersten Regalbrett Unterteilungen für kleinere Objekte bereit.

RECHTS Dieses alte Fenster ist zwar eine Augenweide, nimmt jedoch einen Großteil der Wand ein. Stauraum muss also geschaffen werden, wo immer dies möglich ist. Hier besteht die Lösung in einem bis zur hohen Decke reichenden Regal. Die oberen Bretter sind mit Hilfe einer sich verjüngenden Bibliotheksleiter zugänglich. Schreibtisch und Stuhl sind so platziert, dass das Tageslicht optimal genutzt wird.

nen zu diesem Thema zu beschaffen. Unumgänglich sind hingegen ausreichende Belüftung, Wärmedämmung, Isolation gegen Feuchtigkeit und oftmals auch eine effiziente Klimatisierung. Angesichts all dieser Erfordernisse sollte man sich vom Profi beraten lassen und eine auf Kellerausbau spezialisierte Firma beauftragen – vor allem, wenn es um eine radikale Umgestaltung geht.

Moderne Autos sind relativ witterungsbeständig, weshalb auch die Garage als Ort für ein Arbeitszimmer infrage kommt. Heutzutage dient diese ohnhehin oft nur als Abstellraum für Gerümpel oder bestenfalls wichtige, nicht genutzte Besitztümer. Die Garage teilweise oder sogar ganz in ein Büro oder eine Werkstatt umzufunktionieren lohnt sich insbesondere dann, wenn Sie große Gerätschaften haben. Doch bevor Sie mit dem Umbau beginnen, informieren Sie sich über etwaige rechtliche Einschränkungen! Wenn Sie die Türen verändern oder zusätzliche Fenster einbauen wollen, sollten Sie abklären, ob eine Baugenehmigung vonnöten ist. In den meisten Fällen geht ein derartiger Umbau vergleichsweise glatt über die Bühne.

BÜROS 93

Oftmals gilt: Je einfacher, desto besser. Hier bietet eine breite, raumhohe Schrankwand Platz für sämtliche Utensilien, so dass es in diesem Atelier eines Designers in Stockholm stets ordentlich bleibt – nichts liegt herum. An jedem Tisch steht ein Stuhl im Design der klassischen Moderne: zum einen der »Wishbone«, eine Kreation von Hans Wegner, zum anderen der »3117« von Arne Jacobsen.

Das Büro im Gartenhaus erfreut sich neuerdings zunehmender Beliebtheit. Doch Vorsicht, ein Gartenschuppen im traditionellen Sinn taugt nicht als Arbeitsraum: Ohne Isolierung, häufig ohne Fundament erbaut und so feucht, dass das Wasser von den Wänden läuft, kann es dort im Sommer unerträglich heiß und im Winter so kalt werden, dass es nicht auszuhalten ist. Die neuen Gartenbüros gleichen eher einem Sommerhaus denn einem Schuppen. Sie bestehen in der Regel aus Fertigteilen, sind mit Holz verkleidet und gut isoliert, bis hin zur Doppelverglasung. Sie haben

DIESE SEITE Sogar der einfachste Gartenschuppen kann in einen reizvollen, einladenden Raum verwandelt werden. In diesem Fall wurden der Holzboden abgeschliffen, die holzvertäfelten Wände gestrichen und ein Vorhang angebracht. Die Einrichtung besteht lediglich aus einem Vintage-Tisch, einem Stuhl und einer Wandgarderobe. Ergänzt wird das Ganze durch eine starke Tischlampe, ein Radiogerät, einen Handarbeitskorb und einen Bücherstapel. Was will man mehr?

RECHTS Unter einer Dachschräge ist ein funktionales, geräumiges Büro entstanden, das ebenso praktisch wie fantasievoll ist. Ein stabiler Holztisch, ein ebenso stabiler Stuhl und ein weiterer Tisch für die offene Ablage wurden mit einer eleganten Schreibtischlampe kombiniert. Der auffällige Kerzenleuchter sorgt für den besonderen Pfiff.

einen Holzboden und werden häufig mit kompletter Ausstattung angeboten, von Regalen und Schreibtisch bis hin zum Stromanschluss. Nur einen Steinwurf vom Haus entfernt, ist das Gartenbüro dennoch vom Haupthaus getrennt. Preislich wie stilistisch gibt es die unterschiedlichsten Varianten, von der rustikal-nostalgischen Version mit umlaufender Veranda bis hin zu modernen, fast futuristischen Modellen. Eine gute Nachricht: In den meisten Fällen benötigt man keine Baugenehmigung.

Wo auch immer Sie sich schließlich niederlassen, eine gewisse Trennung vom häus-

BÜROS 97

DIESE SEITE Ist der zur Verfügung stehende Raum klein, sind schlichte Gestaltung und Ordnung besonders wichtig. Achten Sie darauf, dass nichts herumliegt. Hier wurde praktisch alles hinter Türen und in Schubladen verstaut. Das Farbschema beschränkt sich auf Weiß und Schwarz.

RECHTS Sogar ein Raum, der an sich wenig verheißungsvoll ist, lässt sich so gestalten, dass eine angenehme Arbeitsatmosphäre entsteht. Dieses Büro entstand in einem Gebäude mit sehr hohen Decken. Um den Raum zu unterteilen, wurden Zwischengeschosse eingezogen. Eine der so entstandenen Emporen beherbergt den Arbeitsplatz. Der Bodenbelag weckt Erinnerungen an ein Strandhaus.

lichen Leben ist unerlässlich – psychologisch wie räumlich. Ebenso wichtig ist es, Ordnung zu halten. Nur dann kann der persönliche Bereich zum Labsal für die Seele werden. Auch wenn sie den meisten Menschen schwerfällt: Ordnung ist kein Luxus, sondern eine Notwendigkeit. Gerade dort, wo viel Papierkram anfällt, muss es eine gewisse Aufräumroutine geben. Je besser das Ordnungssystem, desto kompakter kann der Platz sein, an dem Sie agieren. Welche Unterlagen benötigen Sie? Entscheiden Sie, wo genau Sie diese Dinge aufbewahren möchten, und zwar nach folgendem Prinzip: Auf Informationen, die Sie täglich brauchen, sollten Sie direkten Zugriff haben. Papiere, die zwar

Nahezu jeder Raum lässt sich in ein funktionales und einladendes Büro verwandeln

wichtig sind, aber seltener benötigt werden, dürfen etwas weiter entfernt verstaut werden, müssen jedoch leicht zu finden sein. Wo Ordnung herrscht, bleibt es auch aufgeräumt, während Unordnung dazu tendiert, sich auszubreiten. Wir alle neigen dazu, noch mehr Dinge auf einen Stapel zu legen, der bereits Nutzloses enthält. Das mag nahelie-

In einem rustikalen Landhaus entstand dieses freundliche Büro – ein idealer Bereich, um in Ruhe zu arbeiten. Hier wurde jeder Zentimeter genutzt, um raumhohe Bücherregale mit darunterliegenden Schubladen- und Schrankelementen unterzubringen. Es bleibt gerade noch genügend Platz für einen Schreibtisch, einen Beistelltisch und einen Stuhl.

ÜBERLEGUNGEN ZUM HOMEOFFICE

* Vor allem, wenn Sie Ihr Büro zu Hause für Meetings nutzen möchten, sollten Sie den Schreibtisch mit Blick zur Tür und nicht zur Wand platzieren.

* Bevor Sie das Büro einrichten, analysieren Sie, wie viel Stauraum und Ablagefläche Sie benötigen. Stellen Sie sicher, dass jedes Ding seinen Platz hat.

* In Ihrem privaten Arbeitszimmer dürfen Sie Farbe bekennen: Wählen Sie Farbtöne, die Ihnen entsprechen, egal ob diese eher anregend oder beruhigend sind.

* Auf Leuchtstoffröhren als Deckenbeleuchtung sollten Sie in Ihrem Büro zu Hause lieber verzichten. Erhellen Sie den Raum mit einer Kombination von speziellem Arbeits- und einem weicheren Umgebungslicht.

* Nehmen Sie sich Zeit bei der Wahl der richtigen Schreibtischlampe. Sie sollte Ihnen gefallen und auf Ihre Einrichtungssituation abgestimmt sein.

* Sorgen Sie dafür, dass genügend Steckdosen zur Verfügung stehen. Nichts ist nervtötender, als ständig die Stecker tauschen zu müssen.

* Wenn Sie zu Hause arbeiten, gehört ein Telefon zur Grundausstattung. Sie benötigen ein mobiles Festnetzgerät oder eine entsprechende Dose in unmittelbarer Nähe. Für den Internetanschluss gilt dasselbe, es sei denn, Sie nutzen WLAN.

DIESE SEITE Dieses Arbeitszimmer in einem minimalistisch eingerichteten Haus nutzt die Vorteile reichlichen Tageslichts und ist mit Bedacht möbliert: Der Schreibtisch stammt aus einem schwedischen Schloss, der Stuhl wurde auf einer Auktion ersteigert, und die Tischlampe ist ein Designklassiker der 1950er Jahre von Arne Jacobsen.

RECHTS Ein Ort für die ruhigen Stunden, an dem man ohne Zeitdruck nachdenken kann – das ist der Vorzug eines privaten Bereichs. Dafür sind keine teuren Um- oder Einbauten nötig. In diesem Fall reichten ein Anstrich für den Holzboden und weiß getünchte Wände aus.

gend sein – doch je höher der Stapel, desto schwieriger wird es, ihn abzubauen.

Sobald Sie den ultimativen Ort gefunden haben, müssen Sie sich Gedanken über die Ausstattung machen. Wo man Kunstwerke am besten platziert, weiß man in der Regel, die Gestaltung eines Büros ist dagegen oftmals etwas schwieriger. Reproduzieren Sie nicht die Bedingungen, die Sie aus anderen Büros kennen. Dies ist Ihr Raum, und wie er nach außen wirkt, spielt keine Rolle. Computer, Drucker und andere Geräte gehören zwar unbedingt zum Bürobetrieb dazu, es ist aber oft nicht nötig, ihnen einen zentralen Platz einzuräumen. Vielleicht ziehen Sie es vor, etwaige elektronische Geräte ins Regal oder in einen geschlossenen Schrank zu stellen.

Für das perfekte Arbeitszimmer ist eine gewisse Abgrenzung vom häuslichen Alltagsleben unerlässlich

In jedem Arbeitszimmer sollte eine Grundausstattung an sogenanntem Bürobedarf vorhanden sein. Nicht alles passt für jeden. Ständig werden neue Produkte entworfen, hergestellt und verkauft, die Ihnen das Leben erleichtern und Ihrer Produktivität zuträglich sein können. Informieren Sie sich über Kataloge und in Spezialgeschäften darüber, was neu auf dem Markt, dabei gut und möglicherweise wie für Sie gemacht ist.

BÜROS 103

DIESE SEITE Ein doppelt genutzter Raum, der wirklich funktioniert – ob als Gästezimmer mit ausziehbarem Schlafsofa oder als Büro. Der Arbeitsbereich verfügt über ein komplettes Aufbewahrungssystem mit Schubladen und Einbauregalen, so dass alles seinen eigenen Platz hat.

DOPPELNUTZUNGEN

Wenn Sie von zu Hause aus arbeiten und es an Platz fehlt, um einen ganzen Raum als Arbeitszimmer zu nutzen: Versuchen Sie, den Ort für sich zu finden, an dem Störungen am unwahrscheinlichsten sind, so dass Sie sich auf die anstehende Aufgabe konzentrieren können. Unter solchen Umständen ist es sogar noch wichtiger, dass Büroarbeit und häusliches Leben bei Bedarf voneinander getrennt werden können. Gehen Sie die Sache psychologisch an: Es kommt vor allem darauf an, dass Sie – und diejenigen, mit denen Sie den Raum teilen – Ihren Arbeitsbeich auf

OBEN In der Ecke eines belebten Raums sorgt ein Raumteiler dafür, dass der Arbeitsbereich erstaunlich abgeschlossen wirkt. Der Schreibtisch reicht bis an den hinter Schiebetüren verborgenen Schrank heran.

LINKS In dieser schicken Londoner Wohnung lebt die Idee des multifunktionalen Raums: In den eleganten Wohnbereich wurde ein kleiner, aber effizienter und ebenso kultiviert gestalteter Arbeitsbereich integriert. Ein Teil des Fensters besteht aus Glasbausteinen, die die Privatsphäre schützen und das Licht streuen. Schreibtisch und Stuhl sind geschickt hinter einem Sofa platziert.

dieselbe Weise als Ihren eigenen betrachten, wie dies bei einem ganzen, nur Ihnen vorbehaltenen Zimmer der Fall wäre. Dies ist Ihr persönlicher Bereich – und sei er noch so klein und ungünstig gelegen. Es ist wichtig, dass alle Beteiligten das begreifen.

Wenn Sie Ihren Arbeitsplatz in einem Teil des Wohnzimmers einrichten möchten, wird Ihr Schreib- oder Arbeitstisch Teil dieses größeren, gemeinsam genutzten Raums. Das bedeutet, dass die Arbeitsfläche geradezu heilig sein muss – nur Sie alleine dürfen hier Dinge abstellen oder -legen. Unter keinen Umständen sollten andere ihre

LINKS OBEN Ein kleines Plätzchen am Ende des Flurs bietet einen schmalen, aber gut durchdachten Ort zum Arbeiten. Die Wand hinter dem breiten Schreibtisch für zwei füllt ein hohes Bücherregal.

OBEN Dieser kleine Schreibtisch wurde geschickt in einen Durchgang eingepasst. Hier kann man Dinge abstellen und bei Bedarf sicher verwahren.

DIESE SEITE Halb verdeckt von einem Vorhang wird dieser diskrete Arbeitsplatz in einer Ecke neben dem Fenster, so dass er fast zu verschwinden scheint. Schreibtisch und Stuhl sind in denselben neutralen Farbtönen gestrichen wie der Rest des Raums, weshalb sie kaum auffallen – die Privatsphäre bleibt gewahrt.

DIESE SEITE In einem toten Raum zwischen zwei Fenstern ist eine ebenso raffinierte wie dekorative Komposition arrangiert: Ein Schreibtisch und der Stuhl »Grand Prix« von Arne Jacobsen gesellen sich zu einer lebendig-bunten Ausstellung afrikanischer Stoffe, Masken und Artefakte.

Tassen, Bücher oder Zeitungen hier zwischenlagern. Falls möglich, stellen Sie den Tisch vor ein Fenster. Das bringt kostbares Tageslicht und obendrein eine optische Abgrenzung. Der Arbeitsbereich wird durch das Fenster quasi eingerahmt und wirkt separiert vom Rest des Raums, auch wenn dort andere Aktivitäten vor sich gehen.

Gibt es keine architektonische Unterbrechung zwischen beiden Bereichen, vermeiden Sie irritierende Kontraste in Stil und Farbe. Der Arbeitsplatz sollte sich in den Gesamteindruck einfügen, das Mobiliar so ausgewählt sein, dass es die übrige Einrichtung ergänzt.

LINKS OBEN Die Nische zwischen Kamin und Fenster ist eigentlich zu schmal, um sie zu möblieren. Für den kleinen Tisch und einen eleganten, weiß gestrichenen Bambusstuhl ist sie jedoch der perfekte Ort.

OBEN Was durchaus ein großer, begehbarer Kleiderschrank mit Fenster hätte werden können, eignet sich auch als sehr kleiner, aber funktionierender Arbeitsplatz.

Versuchen Sie gar nicht erst, ein zu kleines Zimmer zu teilen – das Resultat werden zwei vollgestopfte und unbequeme kleine Zimmer sein. Wenn der Raum aber groß genug ist, möchten Sie Ihren persönlichen Bereich vielleicht mit einem Raumteiler abgrenzen. Gehören Sie zu den Glücklichen, die in einem großen, hellen Loft oder einer Fabriketage leben? In diesem Fall kommt eine interessante Lösung infrage, die mit Sicherheit für Privatsphäre sorgt. Ziehen Sie zwei im rechten Winkel aufeinanderstoßende Wände ein, hinter denen sich der Arbeitsplatz verstecken lässt. Die L-förmige Struktur bietet Platz für einen Schreibtisch und kann an der Innenseite mit Schränken und Regalen bestückt werden. Die Außenseite kann dekorativ mit Bildern behängt werden oder als Stellfläche für Möbel dienen.

Es gibt auch einfachere Designlösungen, falls Ihnen eine solche Konstruktion zu dauerhaft erscheint: Ein Paravent etwa ist relativ

In diesem Loft in Manhattan wurde eine halbe Trennwand eingezogen, um dahinter einen Arbeitsbereich mit Privatsphäre einrichten zu können. Dort stehen ein Regal als Stauraum und ein Schreibtisch, der sich über die gesamte Länge der Wand erstreckt.

110 DOPPELNUTZUNGEN

leicht und wandlungsfähig und bildet eine psychologische und dekorative Barriere. Solche Wandschirme gibt es in allen erdenklichen Stilen – von antik bis hochmodern –, so dass Sie bestimmt den passenden finden werden. Man kann sie sogar relativ leicht aus Sperrholzplatten herstellen, die man je nach Geschmack anstreicht, tapeziert oder mit Stoff bezieht.

Ein frei stehendes Bücherregal mit massiver Rückwand ist nicht ganz so beweglich und gibt eine stabile Trennwand ab. Sie können es so aufstellen, dass die Bücher nach außen gerichtet sind – oder aber umgekehrt, um es

Ein Raumteiler hilft, Privatsphäre zu schaffen – für mehrfach genutzte Räume ein Muss

für Ihre eigene Ablage zu nutzen. Wenn der Platz ausreicht, sind zwei Regale, Rücken an Rücken gestellt, eine noch bessere Variante. Sogar Sitzgelegenheiten, beispielsweise ein Sofa oder zwei Stühle, können zumindest eine psychologische Grenze markieren.

Wenn der zu teilende Raum ein Schlafzimmer ist, könnte ein schwerer Vorhang an einer Deckenschiene der passende Raumteiler sein. Um den Bürobereich vom Rest des Zimmers abzuschirmen, ist Möbelstoff geeignet, etwa in einem auf die Gardinen oder das Bett abgestimmten Muster. Dekostoffe, Tücher oder sogar helle Wolldecken sind ebenfalls eine Option.

Wenn Ihre Wahl nicht auf das Wohn- oder eines der Schlafzimmer fallen kann oder soll, müssen Sie in Ihrem Zuhause nach einem anderen Ort Ausschau halten. Er muss eine gewisse Privatheit bieten und einen Platz, an dem Sie Ihr Material unterbringen können. Nehmen Sie Ihr Heim Stück für Stück unter einem leicht veränderten Blickwinkel unter die Lupe. In unserer vertrauten Wohnumgebung folgen wir den gewohnten Pfaden und nehmen jeden Tag dieselben Dinge wahr, während wir andere übersehen. Wir gehen an Nischen und Treppenabsätzen einfach vorbei und ignorieren die verwinkelten Ecken unter den Treppen. Ähnlich verhält es sich mit den Schränken – vielen Menschen fällt es schwer, sie spontan aufzuzählen und zu sagen, wo sie stehen.

Wandern Sie durch Ihr Zuhause, wenn es absolut ruhig ist – vorzugsweise zu einem Zeitpunkt, an dem alle anderen ausgeflogen

LINKS Schwere Vorhänge fungieren als Raumteiler im Schlafzimmer: Eine Regalwand und ein kompletter Arbeitsbereich mitsamt Schreibtisch können einfach dahinter verschwinden, wenn der Raum zur Entspannung genutzt wird.

RECHTS OBEN UND RECHTS Eine speziell angefertigte Ziehharmonika-Stellwand aus Holz trennt einen komfortablen Arbeitsplatz vom übrigen Raum ab. Die Jalousien mit ihren breiten Lamellen tragen außerdem zur optischen Abgrenzung bei.

DOPPELNUTZUNGEN 113

sind. Wo gibt es Potenzial? Vor welchem Fenster könnten Sie sich einen Schreibtisch vorstellen? In welcher Ecke sehen Sie Stauraum für Ihre Habseligkeiten? Welches dunkle Versteck könnte einen kleinen Gerätepark aufnehmen? Denken Sie gleichzeitig darüber nach, was Sie idealerweise gern in Ihrem Bereich hätten: Ausblick? Tageslicht? Oder ist Ruhe vielleicht besonders wichtig?

Beginnen Sie mit den Ecken – sie werden bei der Planung eines Homeoffice allzu oft vergessen. Eine Ecke mag zu klein und abgelegen für ein größeres Möbelstück sein und kann doch mit umsichtig gewählter Ausstattung das beste Homeoffice abgeben; hübsch und funktional und ohne mit den anderen Aktivitäten im Raum ins Gehege zu kommen. Ein Schreibtisch in der Ecke eines Raums, möglichst mit Schubladen, dazu frei stehende Möbel wie kleine Akten- oder Planschränke mit Regalen darüber: So lässt sich alles schön ordentlich beisammenhalten. Und wenn Ihnen all das zu unbeweglich erscheint, kann dieselbe geduldige Ecke sogar ein mobiles Büro beherbergen. Dazu benötigen Sie einen fahrbaren Computertisch sowie einen Rollcontainer mit Regalbrettern als Ablage.

LINKE SEITE In dieser Studiowohnung wurde ein Arbeitsbereich klug in die Sitzecke integriert. Ein hüfthohes Regal erstreckt sich über eine ganze Wand. Zwischen dem Kamin und dem Fenster wird es tiefer – und bietet Platz für ein Büro mit Schreibtisch, bequemem Stuhl und Arbeitsleuchte.

DIESE SEITE Der kleine Arbeitsplatz trägt die eindeutige Handschrift seines Nutzers, ist er doch mit persönlichen Dingen übersät. Eine an der Wand befestigte verstellbare Lampe hält den knappen Platz auf der Arbeitsfläche frei.

DOPPELNUTZUNGEN 115

Fallbeispiel

Altbauten weisen zumeist ideale, klassische Proportionen auf. Die ursprüngliche Einrichtung war schlicht, mit nur wenigen, sorgfältig ausgewählten Möbeln. Gebrauchsgegenstände wurden oftmals in begehbaren Wandschränken untergebracht.

Der Architekt William Smalley nutzt die räumlichen Gegebenheiten seiner Altbauwohnung in einem eleganten Haus aus dem 18. Jahrhundert in Soho sehr vorteilhaft: Die hinter wunderschönen Kassettentüren verborgenen Wandschränke auf beiden Seiten des eleganten Kamins beherbergen ein funktional überzeugendes Büro. Auf der einen Seite befinden sich Computer, andere elektronische Geräte sowie Regale für die Aktenablage. Auf der anderen Seite des Kamins ist seine Schrankbibliothek untergebracht: Nachschlagewerke stehen auf tiefen, bis zur Decke reichenden Regalbrettern. Ein farblicher Kontrast zu den neutralen, eher kühlen Tönen des Raums findet sich im Inneren der Wandschränke: Die Kammern wurden in warmen, doch nicht zu kräftigen Farbtönen gestrichen – das 18. Jahrhundert lässt grüßen.

RECHTS Der Kamin in diesem Wohnzimmer ist von begehbaren Wandschränken flankiert, die als integrale Bestandteile eines Büros genutzt werden. Auf einer Seite werden sämtliche Arbeitsutensilien verwahrt, während auf der Fensterseite Nachschlagewerke und Zeitschriften untergebracht sind.

DIESE SEITE Geräumige, begehbare Wandschränke findet man in vielen Altbauwohnungen. Dieses Exemplar hinter einer Originaltür wurde mit stabilen, tiefen Regalbrettern ausgestattet. Es beherbergt ein komplett ausgestattetes Minibüro – mit Computer, Musikanlage und einem Ordnungssystem für die Aktenablage.

DIESE SEITE Hinter einer Schiebetür verbirgt sich ein Schrankbüro, gerade groß genug für Schreibtisch und Stuhl. Wenn sie geschlossen ist, deutet rein gar nichts auf den privaten Bereich hin.

RECHTS Dieser bildschöne alte Schreibtisch ist in dem ebenso schönen Salon in einem Altbau genau am richtigen Platz. Das Arrangement von Miniaturbildern über dem Schreibtisch ist ein charmantes dekoratives Detail.

Eine weitere Option ist der Büroschrank. In vielerlei Hinsicht ist ein tiefer Schrank das perfekte Modul für einen wegschließbaren Arbeitsplatz. Da dies viele Möbelhersteller erkannt haben, sind heute etliche interessante Angebote auf dem Markt. Was von außen betrachtet wie ein normaler Schrank aussieht, gibt in geöffnetem Zustand möglicherweise eine ausziehbare Arbeitsplatte mitsamt Computertisch sowie eingebaute Ablagefächer frei. Bringen Sie Regalbretter an allen freien Wandflächen im Inneren des Schranks an und befestigen Sie eine Pinnwand an der Innenseite der Schranktür. Sie benötigen dann nur noch einen Stuhl – den

Kaum ein Bereich ist zu klein, um einen attraktiven und organisierten Arbeitsplatz daraus zu machen

Sie der Einfachheit halber vor der Schranktür abstellen können.

Ein Flur bietet sich nicht auf den ersten Blick als Platz für ein Büro an – kann aber bei entsprechender Planung überraschend viel hergeben. Vielleicht ist der Korridor breit genug, um an der Wand ein Brett in Schreibtischhöhe anzubringen, eventuell sogar eines, das sich an die Wand klappen lässt, wenn es gerade nicht benutzt wird. Darüberhängende Regale oder geschlossene Schränke – in einem offen zugänglichen Arbeitsbereich oftmals die bessere Lösung – nehmen Akten und Büroutensilien auf.

LINKE SEITE Der Absatz am oberen Ende einer Treppe gilt normalerweise als kaum nutzbarer Raum. In diesem Fall ist er gerade groß genug, um Schreibtisch, Stuhl und Lampe sowie eine Kommode für die Ablage unterzubringen.

OBEN In einem schmalen Flur, der zu einer Wendeltreppe führt, wurde hinter Schranktüren ein Büro geschaffen. Auf diese Weise wird Raum genutzt, der ansonsten brach läge.

RECHTS OBEN Der Tisch im Kleinformat passt gut in diesen eher niedrigen Raum. Das an der Wand hängende Bücherregal unterstreicht die perfekten Proportionen des Arbeitsplatzes.

Wenn Sie in einem alten Haus mit vielen Treppen wohnen, gibt es vielleicht einen Treppenabsatz, der Platz für eine Arbeitsplatte oder einen frei stehenden Schreibtisch bietet. Komplettiert mit einem kleinen Bücherregal oder einem Hängeregalsystem, könnte dies genau der richtige Ort für einen Schreibtisch sein, der nicht nur nützlich, sondern auch dekorativ ist.

In vielerlei Hinsicht ist ein Treppenabsatz der perfekte Standort für einen Arbeitsplatz. Er ist Teil des Hauses, und doch architektonisch klar abgetrennt. Ich hatte einmal das Glück, in einem Haus zu leben, das einen Treppenabsatz mit Aussicht über die Nachbargärten hatte. Er war gerade groß genug für einen Tisch vor dem Fenster und Hängeregale auf beiden Seiten. Es war wunderbar, dort zu arbeiten und zwischendurch den Blick über die Gärten schweifen zu lassen.

DOPPELNUTZUNGEN 121

LINKS Der elegante, von zwei aparten Stühlen gerahmte Sekretär ist so perfekt in einen größeren Raum integriert, dass er nicht auf Anhieb als privater Arbeitsplatz identifizierbar ist. Doch die Arbeitsleuchte ist ein verräterisches Zeichen.

UNTEN Der Raum unter der Treppe lässt sich oftmals für einen Schreibtisch nutzen. Vergewissern Sie sich, ob das gewählte Modell auch wirklich passt.

RECHTE SEITE Dank eines speziell angefertigten Regals entstand unter dieser Dachschräge ein bedarfsgerechtes und überdies lichtdurchflutetes Büro.

Der Platz unter der Treppe führt in vielen Häusern ein Schattendasein. Er wird allzu oft gar nicht genutzt oder dient gerade einmal als Abstellplatz für Gerümpel. Trotzdem könnte auch hier, je nach Höhe und Tiefe, ein komplettes Büro oder zumindest ein Aufbewahrungsort entstehen – selbst wenn der Schreibtisch woanders steht.

Sollte es in Ihrem Zuhause wirklich keinen Platz geben, der groß genug ist, um dort sowohl zu arbeiten als auch die eigenen Sachen aufzubewahren, schaffen Sie zumindest einen Ort, an dem Sie all Ihre Akten und Utensilien sicher verwahren können – ohne, dass jemand anders sie wegräumen kann.

Der schwierig zu nutzende Raum unter der Treppe lässt sich nicht selten zum Büro umgestalten

Wenn man ständig Unterlagen umräumen muss, wird es mühsam. Ein ordentlicher Aufbewahrungsort, der nur Ihnen vorbehalten ist, vereinfacht das Leben in dieser Hinsicht deutlich – selbst wenn dieser Ort von Schreibtisch und Computer getrennt ist.

LINKS Ein rundum gelungener Arbeitsplatz: Die robuste, verstellbare Arbeitsleuchte ist direkt an der Treppenwange angebracht, der Schreibtisch schmiegt sich darunter.

OBEN In einem modernen Esszimmer öffnet sich die unauffällige Schranktür und gibt den Blick frei auf ein perfektes, voll ausgestattetes Büro mit ausziehbarer Arbeitsfläche.

RECHTS Ein komplett eingerichtetes Schrankbüro mit Regalen und Arbeitsplatte wurde geschickt in den steilen Winkel unter der Treppe eingepasst. Das eigentlich unattraktive Raumangebot bringt so maximalen Nutzen.

DOPPELNUTZUNGEN 125

DIESE SEITE Dieses Atelier ist durch die Arbeiten der hier tätigen Designerin schon ausreichend dekoriert. Die Ausstattung ist denkbar einfach: ein großes Fenster für das unerlässliche Tageslicht und ein Tisch auf Böcken, der breit genug zum Hantieren ist. Eine tiefe Kommode mit flachen Schubladen bietet Platz für Papier in unterschiedlichen Größen.

ATELIERS UND KREATIVWERKSTÄTTEN

Ein Ort, der ausschließlich dem kreativen Schaffen vorbehalten ist – das ist wahrer Luxus! In meinen Augen ist solch ein Raum fast noch luxuriöser als ein Studierzimmer voll herrlicher verlockender Bücher: ein Platz, der nur Ihnen, Ihrem Werkzeug, Ihrer Arbeit und Inspiration vorbehalten ist, ob Sie dort nun Schmuck herstellen, töpfern, malen, zeichnen, nähen oder stricken.

Für viele Menschen sind die Freuden des Kreativseins einfach purer Genuss. Nicht wenige sind jedoch von Berufs wegen kreativ. In beiden Fällen ist ein wohlorganisierter Arbeitsbereich unverzichtbar – besonders wenn dieser Teil eines größeren Raums ist, der noch anderweitig genutzt wird.

Möchten Sie in Ihrem Zuhause professionell kreativ tätig werden, so ist auch ein Platz vonnöten, an dem Sie das Geschäftliche regeln. Wo bewahren Sie Ihre Buchhaltung, Papiere und all den anderen Bürokram auf, der zu einem effizienten Arbeitsplatz gehört? Vielleicht genügt ja eine einfache Lösung – wie zwei Miniaktenschränke oder flache Schubladen unter dem Arbeitstisch.

OBEN Leere Marmeladengläser sind die perfekten Behälter für Kleinteile und Utensilien, von Seidengarn bis zu Reißzwecken. Freude macht ein Sortiment von bunten Deckeln, die Sie nach Belieben selbst gestalten können.

OBEN RECHTS Ein harmonischer Eindruck entsteht durch ähnlich geformte Behälter, die je nach Inhalt in der Größe variieren. Die Pinsel sind in weißen Porzellanbechern, die Farben in übereinandergestapelten runden Schachteln verwahrt.

Sobald diese vielleicht langweiligen, aber wichtigen Aspekte geklärt sind, sollten Sie herausfinden, welche Gerätschaften, Werkzeuge und Materialien Sie benötigen und wo Sie all diese Dinge – gerade die größeren – verstauen können. Mehr noch als in anderen Räumen gilt hier: Sie brauchen tatsächlich für alles einen Platz, und alles muss an seinem Platz sein. Große Gegenstände nehmen

Dieses Künstleratelier in der Normandie entstand in einer großen, umgebauten Scheune und bietet wahren Luxus: Hier gibt es ausreichend Stauraum für sämtliche Arbeitsmaterialien, dazu Unmengen von Tageslicht und viel Stellplatz für Staffeleien und Arbeitstische.

In einem Künstleratelier muss alles seinen Platz haben – und alles muss an seinem Platz sein

bekanntlich viel Raum ein. Überlegen Sie, wo in Ihrem Lieglingsszenario sich etwa der Zeichentisch, die Nähmaschine, Schneiderpuppe, Töpferscheibe oder Staffelei am besten unterbringen lassen. Möglicherweise brauchen Sie auch großzügigen offenen Stauraum. Für noch nicht gebrannte Töpferwaren, Stoffballen oder große Leinwände kommen frei stehende Schwerlastregale aus Metall oder verstellbare Holzregale infrage.

Denken Sie auch an die kleineren Utensilien, die unbedingt dazugehören, wie Farbtuben und Pinsel, Nadeln, Garn und Wollstränge: Wie lässt sich all das am besten so unterbringen, dass es leicht zugänglich ist?

128 ATELIERS UND KREATIVWERKSTÄTTEN

LINKE SEITE Ausstellungsraum oder Atelier? Der antike Beistelltisch voller Malutensilien bringt etwas von beidem ins Spiel. Stößel und Mörser zum Zermahlen der Pigmente, Holzklemmen und Pinselbecher finden sich hier ebenso wie ein Paar abgetragener Stiefel.

OBEN UND RECHTS Die einfache Dachkonstruktion mit transparenter Wetterschutzverglasung erinnert an eine Pergola. Der so entstandene geräumige Arbeitsbereich wurde mit groben Holzdielen ausgelegt.

ATELIERS UND KREATIVWERKSTÄTTEN

GANZ LINKS UND LINKS
Ein Gemeinschaftsatelier muss so gestaltet sein, dass jedem Künstler ein angemessen großer kreativer Raum zur Verfügung steht. Wird ein Atelier von mehreren genutzt, ist eine gut organisierte Aufbewahrung entscheidend. Hier wird ein Aktenschranksystem wiederverwendet, das fast eine ganze Wand einnimmt. In einzeln beschrifteten, tiefen Schubladen lässt sich alles unterbringen, so dass der Tisch frei bleibt. Niedrig hängende Deckenleuchten über dem Arbeitstisch erhellen den Raum. Auf beiden Seiten stehen Stühle in unterschiedlichen Formen, die jedoch eines gemeinsam haben: Sie sind allesamt verstellbar.

Vielleicht möchten Sie diese Dinge offen und sichtbar lagern? Oder lieber hinter geschlossenen Türen? Es existiert ein breites Angebot an recht preiswerten Möbeln zur Aufbewahrung, insbesondere für Kleinteile. Lassen Sie Ihrer Fantasie freien Lauf! Ein frei stehender Schrank lässt sich möglicherweise einer neuen Verwendung zuführen. Schlafzimmergarnituren – aufeinander abgestimmte Kombinationen aus Kleiderschränken, Nachttischen und Betten – sind aus der Mode gekommen. Entsprechend sind viele alte Kleiderschränke gebraucht zu bekommen. Auf den ersten Blick mag ein solches Stück hässlich erscheinen. Doch

LINKS UND LINKS UNTEN Dieser Raum im obersten Stockwerk eines Gebäudes mit Dachterrasse ist wie gemacht für ein Atelier. Mit ausreichender Ausstellungsfläche, Unmengen schönen Tageslichts und einem verstellbaren geneigten Tisch darf dieser Ort als Traum jedes Künstlers gelten.

RECHTE SEITE In diesem Atelier regiert pure Funktionalität, wobei alles richtig gut zusammenpasst: Das einfachste Regal mit einem Gestell aus Metall harmoniert mit einem ebenso schlichten Tisch und einem Stuhl, der aus einer Fabrik zu stammen scheint.

Nutzen Sie bereits Vorhandenes, um Ihren Kreativraum auszustatten

mit einem Anstrich kann der Schrank schnell in ein echtes Kreativzentrum verwandelt werden, insbesondere wenn er Doppeltüren aufweist. Diese lassen sich auf den Innenseiten so ausrüsten, dass sie Stauraum für Kleinteile bieten. Zusätzliche Regalbretter fassen alles Mögliche, von Malutensilien bis zu Handarbeitsmaterialien.

Eine schlichte Schubladenkommode lässt sich ganz einfach in ein komplettes Aufbewahrungssystem verwandeln, das Sie in Ihrer Kreativität unterstützt: Statten Sie die Schubladen mit Unterteilungen aus leichtem Sperrholz oder gleich mit fertigen Besteckkästen aus. Hier lässt sich alles geordnet

weiter auf Seite 139

134 ATELIERS UND KREATIVWERKSTÄTTEN

ATELIERS UND KREATIVWERKSTÄTTEN 135

Fallbeispiel

Emily Chalmers ist Stylistin, Autorin und Besitzerin von »Caravan«, einem erfolgreichen Geschäft für Innendesign in Shoreditch im östlichen London. Ihr Zuhause, ein ehemaliges Lagerhaus, beweist, wie originell sie ihre Arbeit und das häusliche Leben unter einen Hut zu bringen versteht.

Wie alle guten Stylistinnen hat Emily Sinn für Schönes, Muster und Designs, und davon zeugt ihr Heim: Hier finden sich Stoffbahnen, Federn, allerlei hübsche Gegenstände, Nippes und Schmuck. Warum sollte man die Dinge verstecken, die man mag? »Ich liebe alte Blumenstoffe und gemusterte Kleidung, die ich an die Wand hänge. Das ist sinnvoller, als sie im Schrank zu verstecken – und macht den Raum gemütlich und warm«, meint Emily. Ihr Schreibtisch steht unter einigen dekorativ gestalteten Regalen und ist vom Rest des Raums durch einen ungewöhnlichen Vorhang abgetrennt: Mehr als ein Dutzend Vintage-Tücher wurden zu einem originellen Raumteiler zusammengeheftet. Auf der anderen Seite des Vorhangs steht ein alter Postsortierschrank aus Metall, in dem Emily ihre Vintage-Stoffe aufbewahrt. Preiswert? Ja. Fröhlich? Mit Sicherheit. Wirkung? Durchschlagend.

GANZ LINKS Ein Vorhang aus zwölf lose zusammengehefteten Vintage-Tüchern separiert den Schreibtisch vom Rest des Wohnzimmers. Ein perfektes Beispiel dafür, wie Funktionales mit Dekorativem verschmilzt.

LINKS Die Wand über dem Schreibtisch dient als Inspiration-Board. Regale nehmen allerlei dekorative und nützliche Dinge auf.

RECHTE SEITE Auf der anderen Seite des Tüchervorhangs steht ein alter Postsortierschrank aus Metall. In den Fächern werden Vintage-Stoffe aufbewahrt.

DIESE SEITE Das Einzige, was man zum Einrichten eines eigenen Ateliers nicht braucht, ist viel Geld. Dieser Arbeitsplatz liefert den Beweis: Ein Wandschirm aus alten Fensterläden schirmt den Bereich ab, die Möblierung ist sehr geschmackvoll und zugleich sehr preiswert.

RECHTS Einfach, aber wirkungsvoll: In dieser Holzhütte steht ein Tisch auf Böcken vor dem Fenster, eingerahmt von zwei identischen Rollwagen aus Metall. Eine Sammlung antiker blauer Glasgefäße ziert das Regal unter der Dachschräge.

unterbringen: Scheren, Stecknadeln, Maßbänder, Garnrollen, Malpinsel, Bleistifte und Tintenfässer. Noch mehr Stauraum für kleine, lose Dinge können Sie schaffen, indem Sie nützliche Objekte aus Ihrem Haushalt rekrutieren: einen Becher etwa, eine Garderobenstange mit Haken oder eine Korktafel – daran kann man Zettel und andere wichtige Dinge feststecken, etwa Stickgarn in verschiedenen Farben, das sonst vielleicht auf unerklärliche Weise verschwinden würde. Großartige Aufbewahrungslösungen sind beispielsweise auch Werkzeugkästen, Koffer für Angelzubehör oder Messertaschen.

Denkt man über die spezielle Ausstattung und deren Lagerung nach, stellt sich schnell die Frage, wie der Arbeitsplatz organisiert

Sorgen Sie dafür, dass es genügend Stellfläche gibt, um alles Wichtige in Griffweite aufzubewahren

werden sollte. Malen an der Staffelei, Nähen mit der Nähmaschine oder von Hand, Töpfern mit der Töpferscheibe – jeder kreative Prozess besteht aus verschiedenen Tätigkeiten, die in einer bestimmten Reihenfolge ausgeführt werden müssen. Natürlich ist es

Ihnen klar, wie Sie am liebsten arbeiten möchten. Doch bevor Sie das perfekte Atelier planen, ist es oftmals hilfreich, Ihren speziellen Arbeitsablauf schriftlich festzuhalten. Betrachten Sie auch die Wege, die Sie zwischen den einzelnen Arbeitsschritten

ATELIERS UND KREATIVWERKSTÄTTEN 139

KREATIVE AUFBEWAHRUNGSIDEEN FÜR KLEINTEILE

* Altmodische Einmachgläser mit Bügelverschluss sind bestens geeignet, um alles Mögliche aufzubewahren, von Garnrollen bis zu Knöpfen. Kombinieren Sie Gläser verschiedener Größe.

* An Pinnwänden und Memotafeln, die kreuz und quer mit verschiedenfarbigen Stoffbändern bespannt sind, lassen sich Notizen, inspirierende Bilder und hübsche Kleinigkeiten befestigen.

* In den vielen kleinen Fächern alter Setzkästen können viele kleine Dinge verstaut werden – von der farbigen Tinte bis zur Schachtel mit den Büroklammern.

* Größere Utensilien, wie Scheren aller Art, hängen gut an einer Werkzeugwand, wie man sie beispielsweise aus der Garage kennt.

* An Vorhangsysteme, etwa an dünne Schienen oder Spanndraht, können Sie auch Garnrollen hängen.

* Bei mancher Versteigerung gibt es günstige alte Schrankkoffer, oft mit ausgeblichenen exotischen Aufklebern – der perfekte Aufbewahrungsort für Papier und Material in langen Bahnen.

* Ein Schrankkoffer, den man aufrecht stellen kann, löst alle erdenklichen Lagerprobleme für Ihr Kreativzubehör auf einen Streich.

* Nutzen Sie Bücherregale kreativ – wechseln Sie Bücher mit dekorativen Körben ab, die sich z. B. zum Verstauen von Unterlagen und Papieren eignen.

* Leicht zugänglich sind Stifte, die in alten Krügen und dekorativen Bechern stehen. Außerdem sind solche Behälter immer ein Blickfang.

* Tragbare Besteckkästen eignen sich perfekt zur Aufbewahrung von Krimskrams.

RECHTS Kreative Aufbewahrung in kreativen Schränken: Bei diesem ehemaligen Vorratsschränkchen aus Holz, das einst zur Lagerung von Lebensmitteln diente, wurde der Original-Maschendraht in den Türen durch alte gestreifte Geschirrtücher aus Leinen ersetzt.

OBEN Ein hübscher Vorhang erstreckt sich über die gesamte Breite der Arbeitsfläche und verbirgt die darunterliegenden Regale: eine ebenso preiswerte wie attraktive Lösung.

RECHTS OBEN Dieser Arbeitsplatz einer Parfümdesignerin wirkt betont funktional. Ebenso praktisch wie dekorativ sind die ordentlich aufgereihten Fläschchen und anderen Behälter, die in Reih und Glied im Regal über dem Schreibtisch stehen.

zurücklegen. Vielleicht gibt es eine Möglichkeit, effizienter vorzugehen und sich Arbeit zu ersparen? Dabei kommen wieder die Ergonomie und das goldene Dreieck ins Spiel – wobei es sehr wohl möglich ist, dass Sie bei Ihrer kreativen Tätigkeit an mehr als drei zentralen Stellen agieren. Machen Sie sich ruhig auch Gedanken darüber, welche Form Ihr Arbeitsumfeld haben soll. Einige Kreativschaffende bevorzugen eine abgerundete U-Form, andere eine Zeile oder einen L-förmigen Bereich. Das ist eine Frage der persönlichen Vorlieben – und zu einem großen Teil Gewohnheitssache.

ATELIERS UND KREATIVWERKSTÄTTEN 141

Einfacher geht es nicht: Die Ausstattung dieses Arbeitsplatzes ist schlicht und praktisch. Das durchdachte Ordnungssystem lässt einen harmonischen Gesamteindruck entstehen. Eine Nische dient als tiefes Bücherregal für große Aktenordner und Schubladenelemente, Materialrollen lehnen in der Ecke. Für den dekorativen Touch sorgt ein einzelnes, bewusst platziertes Gemälde an der Wand.

ATELIERS UND KREATIVWERKSTÄTTEN 143

DIESE SEITE Dieses professionell genutzte Künstleratelier ist schon für sich genommen reine Inspiration: Der Raum bietet Platz für mehrere Staffeleien und mobile Ablageflächen in Gestalt leichter Tische. Gleichmäßiges Licht fällt von oben und durch die langen schmalen Fenster auf Bodenhöhe herein.

RECHTE SEITE OBEN Zum Zeichnen benötigt man eine präzise Beleuchtung und Platz, um das Arbeitsmaterial in Griffweite aufzubewahren. Hier wird das viele Tageslicht durch zwei verstellbare Arbeitsleuchten ergänzt.

RECHTE SEITE UNTEN Dieser Bereich dient zum Erledigen der Hausaufgaben und zum Basteln. Eine Zimmerecke wurde schlicht und preiswert mit wiederverwendeten Schultischen und einer Tafel ausgestattet.

Es liegt auf der Hand, dass so manches Kunsthandwerk nicht in einem Raum ausgeübt werden kann, der stark frequentiert ist, wie Küche oder Wohnzimmer – man denke nur an Goldschmieden oder Töpfern. In solchen Fällen ist nicht nur der kreative Prozess kompliziert und oft störanfällig; halbfertige Stücke lassen sich auch nur schwer transportieren. Die erforderliche Ausstattung sollte einen dauerhaften Platz bekommen. Wenn in Ihrem Zuhause kein ganzer Raum zur Verfügung steht, lässt sich manchmal ein

ATELIERS UND KREATIVWERKSTÄTTEN 145

DIESE SEITE Sorgen Sie dafür, dass das zum Nähen benötigte, oft sperrige Material leicht zu verstauen ist. Darüber hinaus brauchen Sie nur eine sehr kleine Grundausstattung. Hier ruht eine robuste Arbeitsplatte aus aufgearbeiteten Brettern auf einem ebenso robusten Gestell aus Metallrohren.

RECHTE SEITE In diesem Nähzimmer steht die Maschine auf einem Arbeitstisch aus Holz. Die Wand darüber, die mit Bildern, Notizen, kleinen Fundstücken und einfach nur hübschen Dingen übersät ist, wird ganz bestimmt ihre inspirierende Wirkung entfalten.

Grundausstattung, wobei dies ein Spezialmöbel wie ein geneigter Zeichentisch oder auch einfach eine alte Tür auf Tischböcken sein kann. Ebenso wichtig ist eine Sitzgelegenheit. Ein bequemer Drehstuhl auf Rollen ist wunderbar bei glatten Böden, Sie können damit leicht hin und her huschen.

Der richtige Bodenbelag ist wichtig, wenn nicht entscheidend. Dies ist nicht der Ort für hochflorige Teppiche oder Teppichböden. Wo mit Ton, Farben oder Nadel und Faden gearbeitet wird, ist ein Belag gefragt, der leicht sauber zu halten ist und in dem sich

Der richtige Bodenbelag ist entscheidend: Farben und Stecknadeln vertragen sich nicht mit Hochflorteppichen

überzähliges Schlafzimmer oder das Esszimmer teilweise okkupieren. Soll der Raum weiterhin seinen bisherigen Zweck erfüllen, kann etwas so Banales wie ein Raumteiler helfen, etwa ein schwerer Vorhang an einer Deckenschiene, aus hellem Leinen oder Segeltuch, oder aber ein dekorativer Wandschirm.

Je nachdem, welcher Tätigkeit Sie nachgehen, benötigen Sie vermutlich einige Möbelstücke. Tisch oder Arbeitsplatte gehören zur

keine nach oben gerichteten Nadeln oder andere gefährliche Dinge verstecken können. Holz und Fliesen sind denkbar, oft ist jedoch Linoleum die erste Wahl. Es ist ein warmes, natürliches Material, das auch als Meterware erhältlich ist, so dass der Boden ohne allzu viele Nähte verlegt werden kann.

Tageslicht ist immer von Vorteil. Sofern Sie malen, ist ein nach Norden gerichtetes Fenster ideal. Sollte der einzige verfügbare

LINKS Ein einfacher, praktischer Ort zum Nähen: Hier gibt es einen Tisch, auf dem eine Nähmaschine Platz hat, einen schlichten Stuhl mit hübscher Husse und ein großes Fenster, durch das viel Licht hereinfällt.

DIESE SEITE Auch wenn dieses spezielle Arrangement auf den ersten Blick ein wenig willkürlich erscheint, hat tatsächlich alles seinen Platz und ist leicht und praktisch zur Hand. Alle Stoffmuster an der Wand über dem Arbeitstisch weisen eine Stickerei mit dem Hinweis auf die jeweilige Herkunft auf.

LINKE SEITE In dieser Schneiderwerkstatt wird eine Wand vollständig ausgenutzt. Sie ist der ideale Ort, um Stoffmuster, inspirierende Bilder und Zeichnungen unterzubringen. Eine Schneiderpuppe auf Rollen und ein Rollwagen mit diversen Utensilien ermöglichen eine flexible Nutzung des Raums.

RECHTS Tiefe und lange Regalbretter in einer Nische sorgen dafür, dass sperrige Dinge nicht auf dem Boden stehen müssen. Von der Hutschachtel bis zum gusseisernen Blumenständer findet jedes Behältnis seinen Platz. Auf einer Pinnwand sind die Fortschritte des laufenden Projekts festgehalten.

Raum in Ihrem Haus ein dunkler Keller sein, dann nutzen Sie ihn. Setzen Sie künstliches Licht ein, das wie Tageslicht wirkt. Dank der Entwicklung moderner Leuchtmittel ist dies heute leicht möglich. Nutzen Sie zusätzlich eine spezielle Arbeitsleuchte.

Ihr Handwerkszeug sollten Sie immer im Blick haben, die wichtigsten Utensilien am besten in Griffweite

In jedem Werkraum ist eine gute Belüftung wichtig, vor allem wenn Sie mit offenem Feuer oder elektrischen Geräten umgehen. Ist kein Fenster vorhanden, sollten Sie ein Ventilationssystem ins Auge fassen.

Viele passionierte Kunsthandwerker legen zu Recht großen Wert auf einen Wasseranschluss. Ein Waschbecken oder eine Spüle bringen in der Tat einen enormen Vorteil, außer vielleicht für Schneider- und Handarbeiten. Es gibt keinen Wasseranschluss und die Installation eines solchen wäre zu teuer? Dann ist ein Raum ohne fließendes Wasser, der nur Ihnen vorbehalten ist, aus meiner Sicht allemal besser als nichts!

Sie haben all die praktischen Überlegungen für Ihren Kreativbereich berücksichtigt? Dann vergessen Sie nicht das kostbarste Gut überhaupt: Ruhe. Vollständige Stille wird Ihnen vielleicht nicht beschieden sein, doch eine schwere Tür, die leise, aber fest schließt, kann Wunder wirken.

ATELIERS UND KREATIVWERKSTÄTTEN 151

KINDER- UND JUGENDZIMMER

LINKE SEITE Dieses Arbeitszimmer wirkt durchdacht und keineswegs kindlich. Bei aller Reife lässt es dennoch Raum für kindgerecht Vergnügliches, wie die Figurengruppe auf dem Regal über dem wohlgeordneten Schreibtisch beweist.

OBEN Ein Ort zum Arbeiten, Lernen und Leben ist dieses kleine Zimmer dank der geschickten Einrichtung. Es verfügt über eine ausreichend große Schreibfläche, einen bequemen Stuhl, viel Stauraum, eine Musikanlage und Platz für eine Sammlung von Gitarren und Verstärkern.

Zu den wichtigsten Dingen, die Sie Kindern – insbesondere älteren – geben können, gehört ein eigenes Zimmer, in dem diese weitgehend tun und lassen können, was sie wollen. Die Gestaltung sollte ihrem Geschmack entsprechen und vielleicht sogar anregend wirken. Den Älteren mag das Leben der Kinder und Teenager noch so laut und hektisch vorkommen – ein Platz, an dem es geordnet zugeht, ist für sie ebenso wichtig wie für Erwachsene.

Kinder »müssen« im Alltag so vieles – beispielsweise Hausaufgaben machen, dies oder jenes zu Ende bringen, frühstücken, zum Mittagessen kommen, ins Bett gehen. Ein eigenes Zimmer sollte Frei-

raum bieten, etwa zum Ausruhen und Lernen. Hier sollen sie sich vergnügen dürfen – mit ihrem Spielzeug, ihren Büchern, mit Papier und Farben, CDs und DVDs, Musikanlage und Computer. Bei der Einrichtung eines Kinder- oder Teenagerzimmers spielt die Aufbewahrung eine sehr wichtige Rolle. Es gibt enorm viel zu verstauen, bei kleinen Kindern vorrangig Spielzeug, bei größeren all der andere Kram, von Kleidung, Schuhen und Sportausrüstung ganz zu schweigen. Am besten eignen sich variable Aufbewahrungs-

weiter auf Seite 159

LINKE SEITE In diesem Zimmer können mehrere Kinder gleichzeitig lernen und spielen. Entlang der Wände stehen Tische und Stühle. Jeder verfügbare übrige Raum wird genutzt, um Dinge zu verstauen.

DIESE SEITE Die Aufbewahrung ist ein wichtiges Element eines gut geplanten Kinderzimmers. Alles sollte für den jungen Bewohner erreichbar sein: Kleiderhaken müssen niedrig genug hängen, Buntstifte und Bleistifte in der Nähe des Schreibtischs verwahrt werden, Bücherregal, Stuhl und Sekretär die passende Höhe haben.

Fallbeispiel

Im Londoner Stadtteil Battersea entstanden in den letzten Jahren einige der originellsten Wohnungen der ganzen Stadt. Umgebaut wurde eine weitläufige Schule aus Viktorianischer Zeit mit hohen Decken und Fenstern.

In einer dieser Wohnungen hat das Architekturbüro Michaelis Boyd nach dem Motto »Licht, Raum und Fluss« einen Traum- und Zufluchtsort für Teenager geschaffen. Der separate Raum ist innovativ gestaltet, die drei Geschwister können hier stilvoll lernen, ausruhen und spielen. Die hohen Räume wurden genutzt, um ein Zwischengeschoss einzuziehen. Anstelle einzelner Schlafzimmer entstanden drei Schlafplätze, die nur durch niedrige Wände voneinander getrennt sind. Unterhalb der Schlafebene erstreckt sich ein Gemeinschaftsraum mit einem Bereich für die Erledigung der Schularbeiten, ausgestattet mit großen Schreibflächen und vielen Regalmetern. Durchbrüche zwischen den einzelnen Arbeitsplätzen gewährleisten, dass bei aller Privatheit auch Austausch stattfinden kann. Im Raum verteilt sind außerdem ruhige Ecken, die zum Lesen oder einfach zum Nichtstun einladen. Auf den weißen Wänden kommen die wenigen, mit Bedacht ausgewählten Bilder und Fotos gut zur Geltung.

LINKS Auf der oberen Ebene befinden sich Schlafplätze für alle drei Geschwister, die lediglich durch niedrige, geschwungene Wände voneinander getrennt sind.

LINKS UNTEN Der schnellste Weg nach unten: Eine Stange verbindet den Schlafraum mit dem auf einer niedrigeren Ebene gelegenen Lern- und Freizeitbereich. Einfacher geht's nicht!

DIESE SEITE Dieser Arbeitsplatz für mehrere Personen ist professionell und effizient eingerichtet. Über einer durchgängigen Arbeitsfläche hängen individuelle Arbeitsleuchten, die Regale bieten viel Platz für Bücher.

LINKE SEITE In einem Raum, der sehr belebt ist, sorgt Farbe für Einheitlichkeit. Das kräftige Blau der Kaminwand schafft eine kluge und stimmige Verbindung zwischen Regalen, Schrankelementen, Rollwagen und Schreibtisch.

RECHTS Normalerweise braucht man dort, wo gearbeitet wird, nicht viel Dekoration. In diesem Teenagerzimmer stehen Lernen und Musik im Mittelpunkt. Ein einziges starkes Bild an der Wand genügt, um eine persönliche Note und etwas Spaß hineinzubringen.

systeme, die aus einzelnen Modulen bestehen. Möbel lassen sich außerdem mit flexiblen Behältern erweitern. Von Körben bis zu Rollcontainern können Sie alles ins Spiel bringen – es kommt nur darauf an, dass der Inhalt schnell und leicht zu erkennen ist.

Auch Betten können Stauraum bieten: Viele Modelle weisen einen Bettkasten auf, und unter ein Hochbett passt ein kompletter Hausaufgabenplatz, mitsamt einem ausreichend großen Schreibtisch und Regalen.

Aufbewahrungssysteme, die sich leicht an neue Interessen anpassen lassen, funktionieren am besten

Jedes Kind, ob klein oder groß, braucht einen Schreibtisch in seinem Zimmer – nicht nur zum Erledigen der Hausaufgaben, sondern auch zum Malen, Basteln oder für den Computer. Ideal ist eine große, ebene Fläche, mit offenen Regalen darüber und geschlossenen Schrankelementen darunter. Das Regal sollte so variabel sein wie möglich, damit es an die wechselnden Bedürfnisse angepasst werden und mit den Kindern wachsen kann. Schwebt es etwa in unerreichbarer Höhe, wird es mit Sicherheit nicht genutzt.

KINDER- UND JUGENDZIMMER 159

Halten Sie die Beleuchtung ebenso flexibel wie die Möblierung. Wichtig sind Lese- und Arbeitsleuchten an Bett und Schreibtisch, außerdem ein Umgebungslicht, das eine entspannte Atmosphäre schafft.

Die Arbeitsfläche sollte in erster Linie unverwüstlich sein. Schickes Design ist eher zweitrangig, wobei nichts dagegen spricht, beides miteinander zu kombinieren. In einem kleinen Zimmer bietet sich ein an der Wand befestigter Klapptisch an.

Im Zimmer eines Teenagers ist ein separater Computertisch eine nützliche Ergänzung. Diese sind häufig mit Rollen und in kräftigen Farben erhätlich und nehmen Monitor, Tastatur sowie anderes Zubehör auf – das hilft, den übrigen Platz freizuhalten.

OBEN UND RECHTS OBEN
Ein schöner, variabler Arbeitsbereich entstand zwischen den massiven Balken eines Dachbodens. Über der langen Schreibtischplatte an der Wand sind Träger an den Dachbalken befestigt, auf denen ein ebenso langes Regalbrett aufliegt.

RECHTE SEITE Mit ein wenig Kreativität und guter Planung kann auch die kleinste Zimmerecke zu einem zufriedenstellenden Arbeitsort umgestaltet werden. Hier füllen ein Einbau-Schreibtisch und ein Regal mit unterschiedlich großen Fächern perfekt die Lücke.

LINKE SEITE Überaus simpel und doch perfekt ist dieser Arbeitsplatz. Die Wand über dem Schreibtisch präsentiert ein wahres Feuerwerk der Farben und kreativen Ideen.

OBEN Eine Nische neben dem Kaminvorsprung wurde durch den Einbau eines Regals klug genutzt. Das unterste Brett ist so tief, dass es als Schreibtischplatte dienen kann.

RECHTS OBEN Dekorativ ist dieser Tisch, der vor einem offenen Regal steht. Dieses universelle Ablagesystem nimmt die gesamte Wand ein.

Beim Bodenbelag gilt: Je strapazierfähiger, desto besser. Es ist für niemanden ein Vergnügen, wenn das Verschütten von Flüssigkeiten oder das Kleckern mit Essbarem zum Problem wird. Ein versiegelter Holzboden, Linoleum oder ein anderer wischfester Belag bietet sich an. Große, waschbare Teppiche sorgen für den Kuschelfaktor.

Sowohl Teenager als auch jüngere Kinder sind manchmal gern alleine – und Erwachsene mögen keinen Lärm. Im Kinderzimmer ist ein gewisser Geräuschpegel normal, weshalb es sinnvoll ist, hier für Schalldämmung zu sorgen. Schwere Vorhänge und eine massive Tür sichern die Privatsphäre, und wir haben unsere Ruhe.

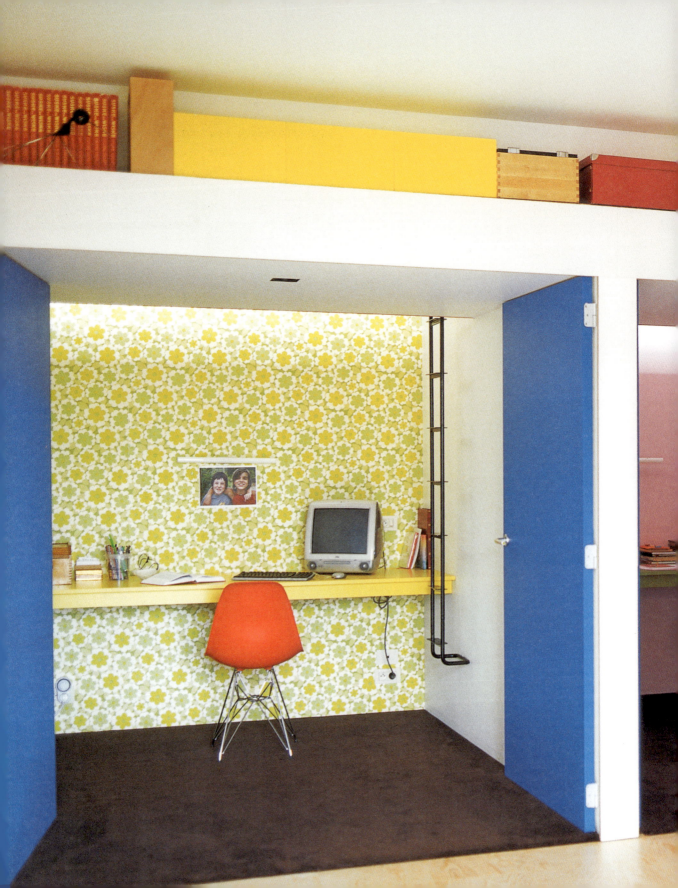

In dieser Loftwohnung wurden entlang einer Wand drei Räume zum Lernen eingerichtet, die sowohl Privatsphäre als auch Gemeinschaft bieten. Der Geschmack des jeweiligen Bewohners bestimmt die individuelle Gestaltung der Einheiten. Über Metallleitern im Industrielook gelangt man zu der darübergelegenen Schlafebene.

REGISTER

Kursive Zahlen verweisen auf
Bildlegenden.

A

Ablagesysteme *28, 44, 49, 84, 87,*
163
Aktenboxen *42, 45, 50, 52, 85, 117*
Akten-Richtlinien 43
Aktenschränke *16, 34, 45, 49, 50,*
50, 52, 80, 114, 119, 127, 133
Arbeitsflächen 32, 34, 52
Arbeitsplatten *50, 52, 145, 146*
Ateliers und Kreativwerkstätten
126–151
Aufbewahrung *siehe auch* Stauraum
38–53
Akten *31, 117*
Bücher *86*
Büromaterial *27*
elegante *83*
Holztruhen *16*
Kinderzimmer 155, *155, 159*
kreative 140
Künstlermaterial 128, 133
Schreibtisch*14, 34, 71*
unter der Treppe 122–125, *122*
versteckte *113, 141*

B

Babylon Design *64*
Baugenehmigung 90, 93, 97
Bauvorschriften 90
Becher 71, 140
Besteckkästen 134, 140
Betten 159
Bibliotheksleiter *93*
Bilder *siehe* Kunstwerke und Bilder
Boden 148
-belag *98*
gestrichener Holzboden *102*
Holz *22, 96, 97*
Kinderzimmer 163
Boudoirs 10
Bücher *8, 10, 52, 52, 84, 86, 89,*
96, 112, 116, 116, 127, 157
Bücherschränke 49–50, *57,* 112,
159
Büro im Schrank *118,* 119
Büros 76–103
Bürosystem »Portus Walnut« *34*

C

Case *14, 34*
Cawardine, George 60
Chalmers, Emily 136
Computer 42, *57,* 60, 64, 81, 103,
117, 119, 159, 160
Crosland, Neisha 72, *73*

D

Dachböden *50,* 89, *160*
Decken, hohe *93, 98,* 156
Deckenventilatoren *80*
Doppelnutzungen 104–125
Drucker 44, *52,* 103
Durchbrüche 156

E

Ergonomie *16, 27–31, 33, 33, 139*
Esszimmer 15, *125,* 145

F

Farbe *66, 70, 100, 116, 159*
Fenster *10, 57, 79, 90, 93, 126,*
144, 149, 156
Flure *siehe auch* Korridore *106,* 119,
121

G

Garagen 89, 93, *94*
Gartenbüro 95, *96, 97*
Gartenzimmer *71*
Gebläse 90, 151
Gestaltung 66–73
Glasbausteine *105*
Gläser *127, 139,* 140
goldenes Dreieck 31, *139*

H

Haken 50, *96,* 139
Holzvertäfelungen *16, 22, 96*

I

Inspiration-Boards *69, 71, 136, 151,*
163
Internet 37, *77,* 81, 100

J

Jacobsen, Arne 94, *102, 108*
Jalousien *10, 12, 19, 56, 60, 60, 73,*
80, 84, 113

K

Kabinette 9
Kamine *115,* 116, *116, 159*

Kästen *41,* 139, 140
Keller 89, 90, 93, *94*
Kerzen *58*
Kerzenleuchter *96*
Kinder und Jugendliche 152–165
Kissen *27*
Kisten *49,* 71, *86*
Kleiderschränke 133
Klimatisierung 93
Kommoden *121, 126*
Schubladen- *70,* 134
Körbe 140, 159
Korridore *siehe auch* Flure *106,* 119,
121
Krüge 140
Künstlerateliers *siehe* Ateliers und
Kreativwerkstätten
Kunstwerke und Bilder 10, *31, 66,*
73, 118, 142

L

Lampen und Leuchten
»Anglepoise« 60, 64
Arbeits- *8, 52, 54–65,* 100, *115,*
125, 144, 151, 157, 160
Decken- *56, 133*
für den Nahbereich 60, *62*
Gelenk- *13, 55,* 60, *62,* 64
Hänge- *80*
Industrie- *61*
Lese- 64, 160
Leuchtstoffröhren 100
Schreibtisch- *14, 31, 56, 90, 96,*
100
Steh- *31,* 64
Tisch- *96, 102*
Wand- *58, 63,* 64, *115*
Leitern *93, 165*
Leuchten *siehe* Lampen und
Leuchten
L-Form *77, 80, 110, 112, 141*
Linoleum 148, 163
Lofts 89–90, 110, *110,* 165
Lüster *58*

M

Magazinboxen *42,* 52
Martin, Andrew *56*
Michaelis Boyd 156
Möbel
Allzweck- *83*
Büro 19, 37
Industrie- *36*
Quellen 37
Schlafzimmer- 133–134
Musikanlagen *153,* 155

N

Nischen *49, 52, 52, 142, 151, 163*

P

Persuad, Ingrid und Avinash 84
Pflanzenregale *42*
Pinch, Russell *27, 34*
Pinnwände 72, 140, *151*
Planschränke *39*, 114
Platz unter der Treppe 122, *122,
124, 125*
Porada *18*
Porzellan 66
Postsortierschränke *45*, 136, *136*
Privatsphäre 15, *107*, 110, *110,
113*, 163, *165*

R

Raumteiler 112–113, *105*, 148
Recycling 37
Regale *19*, 23, 34, *41, 97, 115*, 134
breite *84*
Bücher- *8, 22, 49, 100, 106*, 112,
121, *121*, 140, *142, 157*
Einbau- 49, *104*
Holz- *39*, 128
Industrie- *50*
in Nischen *52, 85, 151, 163*
Lagerhaus- *45*
lange *151, 160*
Metall- *45*, 128, *134*
mit Schiebetüren *45*
raumhohe *46*
Regalbretter *41*, 119
schmale 119
tiefe *28, 52, 84, 85*, 116, *117,
151*
Unterteilungen *93*
variable 159
Rollwagen *42*, 138, *151, 159*

S

Salons *118*
Schachteln *127*
Schalldämmung 163
Scheunen, umgebaute *128*
Schlafplätze 156, *157*
Schlafzimmer 86–87, 112–113, 145
Schränke 44, *57, 94, 100*, 113, 116,
117, 119, *125, 133, 134, 140*
Schreibtische 22, 23, 32–33, *71*
angestrichene *31*, 37
auf Böcken *69*
aus Holz *56, 80*
breite *50, 106*

Büro- *31*
»Covet« *14, 34*
Doppel- *52*
Einbau- *160*
georgianische 28
halbrunde *46*
klassische 33–34
lackierte *82*
lange *79, 110*
wandelbare *19*
»Yves« *27*
Schreibtischhöhe 33
Schreibtischplatten *160*
Schubladen *27, 31, 34, 34, 37, 100,
104*, 114, *126*, 134
Schultische *144*
Sekretäre *122*
selbstständige Tätigkeit 15
Setzkästen 140
Sideboards *73*
Sitzgelegenheiten als Begrenzung
112–113
Smalley, William 116
Smith, Mark 52
Spiegel 72, *73*
Stauraum *siehe auch* Aufbewahrung
32, 38–53, *90, 100, 134, 139*
Steckdosen 100
Stellwände *siehe auch* Wandschirme
113
Stoffe 70–71, 72, *108*, 113, *136*
Stößel und Mörser *131*
Studierzimmer *9, 10, 81*
Stühle
Arts-and-Crafts-Bewegung *89*
Bambus- *109*
Büro- *8*
Dreh- *28, 33, 36*, 148
Eames *16, 84*
Ergonomie *16, 27, 29, 33, 33*
Garten- *49*
»Grand Prix« *108*
Klassiker des 20. Jahrhunderts *31*
Korbgeflecht *57*
Küchen- *16, 27*
Leder- *67*
mit buntem Bezug *39*
originelle *24*
Schaukel- *84*

T

Tafeln *144*
Tapeten *67*
Taschen *49*
Telefone 71, 81, 100
Teppiche 163

Tische
antike *49*
Arbeits- *36, 61, 106, 127, 133,
149*
auf Böcken *31, 126, 138*
Beistell- *34, 100, 131*
dekorative *163*
Ess- *34*
geneigte *134*, 148
große *8*
Holz- *96*
Klapp- *160*
Küchen- *27*
leichte *144*
Refektoriums- *34*
Treppen 121, *121*
-absätze 121, *121*
Truhen *16*
Türen
aus Glas *90*
Doppel- *134*
massive *163*
Schiebe- *105, 118*
Schrank- *121*

U

U-Form *141*
Umgebungslicht 100, *160*

V

Vorhänge *69, 89, 96, 107*, 112,
113, 136, 136, 141, 163

W

Wände
niedrige 156, *157*
Schrank- *94*
Trenn- *110*, 112, 156, *157*
vertäfelte *22, 96*
weiß getünchte *102*
Wandschirme *siehe auch* Stellwände
88, *94*, 112, *138*, 148
Wärmedämmung 90, 95
Wasseranschluss 151
Weinkisten 71
Werkzeugwände 140
Wohnbereiche *105*, 106–113

Z

Zeichenhocker *16*
Zeitschriften 52, *52*, 116
Zwischengeschosse *98*, 156

DIE ARCHITEKTEN, KÜNSTLER, DESIGNER UND GESCHÄFTSINHABER

A.L.M. INTERIOR DESIGN
Andy L. Marcus
935 Westbourne Drive, # 201
West Hollywood, CA 90069
USA
alminteriordesign@earthlink.net
+1 213 7169797
S. 1

ANDREW HAIR
Tapis Vert
+44 20 86781408
tapis.vert@virgin.net
S. 161

ANK VD PLUIJM
www.householdhardware.nl
S. 146

ANN SHORE
Creative Story
The Old Truman Brewery
4–5 Dray Walk, off Brick Lane
Großbritannien
+44 20 72473137
S. 24

ANNABEL GREY
+44 7860 500356
www.annabelgrey.com
annabel.grey@btinternet.com
S. 30

ANTHROPOLOGIE
www.anthropologie.com
S. 43 links, 74 oben rechts, 135

ARCHITEAM LTD
Nico Rensch
Campfield House
Powdermill Lane
Battle
East Sussex TN33 0SY
Großbritannien
+44 1424 775211
www.architeam.co.uk
nr@architeam.co.uk
S. 163 links

ASFOUR GUZY
www.asfourguzy.com
S. 40, 41

ATLANTA BARTLETT
www.atlantabartlett.com
*Vor- und Nachsatz, S. 5 unten,
21 oben links, 33, 55 links, 61, 66,
69, 96, 107, 148*

BABYLON DESIGN LTD
firmiert heute als
Birgit Israel Home
www.birgitisrael.com
S. 64, 65

BAILEYS
Whitecross Farm
Bridstow
Ross-on-Wye
Herefordshire HR9 6JU
Großbritannien
www.baileyshome.com
S. 5 oben, 36, 37, 42 links, 139

BEACH STUDIOS
www.beachstudios.co.uk
*Vor- und Nachsatz, S. 5 unten, 21
oben links, 33, 55 links, 61, 66, 69,
96, 107, 148*

BELMONT FREEMAN ARCHITECTS
110 West 40th Street
New York, NY 10018
USA
+1 212 3823311
www.belmontfreeman.com
S. 32

CARLA SAIBENE
Damenbekleidung, Accessoires
und Antikobjekte
Via San Maurilio, 20
Mailand
Italien
+39 02 77331570
xaibsrl@yahoo.com
S. 19 beide Abb.

CASE FURNITURE LTD
189 Stonhouse Street
London SW4 6BB
Großbritannien
+44 20 76223506
S. 14, 34 beide Abb.

CAVE INTERIORS
www.caveinteriors.com
S. 49 unten rechts

CECILIA PROSERPIO
cecilia.proserpio@fastwebnet.it
S. 22–23

CENTURY DESIGN
68 Marylebone High Street
London W1M 3AQ
Großbritannien
www.centuryd.com
modern@centuryd.com
S. 118

CHRISTINA WILSON
www.christinawilson.co.uk
S. 93

**CLAESSON KOIVISTO RUNE
ARKITEKTKONTOR**
www.ckr.se
S. 102

COMMA
David Khouri
Architektur und Inneneinrichtung
149 Wooster Street, Suite 4NW
New York, NY 10012
USA
+1 212 4207866
www.comma-nyc.com
info@comma-nyc.com
S. 28 links

CRÈME DE LA CRÈME À LA EDGAR
Møntergade 10
1116 Kopenhagen K
Dänemark
+45 33 361818

www.cremedelacremealaedgar.dk
S. 155 oben beide Abb.

DANIEL JASIAK
www.danieljasiak.com
S. 56 links

DANIELA MICOL WAJSKOL
Interior-Designerin
Via Vincenzo Monti, 42
20123 Mailand
Italien
danielaw@tiscalinet.it
S. 43 rechts

DEB WATERMAN JOHNS
Get Dressed, Home, Fifi
1633 29th Street NW
Washington DC 20007
USA
+1 202 6256425
deb@dogbunny.com
S. 5 oben Mitte, 152, 154

EMILY CHALMERS
Autorin und Stylistin
Caravan
5 Ravenscroft Street
London E2 7SH
Großbritannien
+44 20 70333532
www.caravanstyle.com
www.emilychalmers.com
emily@emilychalmers.com
S. 136–137

FIL DE FER
Store Kongensgade 83 A
1264 Kopenhagen
Dänemark
+45 33 323246
www.fildefer.dk
fildefer@fildefer.dk
S. 10 unten

FIONA & ALEX COX
www.coxandcox.co.uk
S. 145 unten

FLINT COLLECTION
49 High Street
Lewes
East Sussex BN7 2DD
Großbritannien

www.flintcollection.com
sales@flintcollection.com
S. 55 rechts

GALERIE MIKAEL ANDERSEN
Bredgade 63
1260 Kopenhagen
Dänemark
+45 33 330512
www.gma.dk
S. 144

GÉRARD UND DANIÈLLE LABRE
2 boulevard des Alliés
30700 Uzès
Frankreich
+33 (0)6 20697032
glabre@orange.fr
S. 134 beide Abb.

GRETHE MEYER
Designerin und Architektin MAA
Royal Copenhagen
www.royalcopenhagen.com
S. 16 links, 20 oben links, 63

GUY HILLS
Fotograf
Dashing Tweeds
Großbritannien
+44 20 79162610
www.dashingtweeds.co.uk
guy@dashingtweeds.co.uk
S. 99

HAIFA HAMMAMI
Architekt
+44 7730 307612
S. 76–77

HELEN ELLERY
Interior-Stylistin
I Love Home
helen@helenellery.com
helene@i-love-home.co.uk
S. 2

HEMINGWAY DESIGN
15 Wembley Park Drive
Wembley HA9 8HD
Großbritannien
+44 20 89031074
www.hemingwaydesign.co.uk
S. 112

HOGARTH ARCHITECTS LTD
+44 20 73813409
www.hogartharchitects.co.uk
info@hogartharchitects.co.uk
S. 20 unten links, 44 links

HOPE & GREENWOOD
Feine Süßwaren
www.hopeandgreenwood.co.uk
S. 60

INA CRYSTALS LTD
24 Rochester Square
London NW1 9SA
Großbritannien
+44 20 72842112
www.liberty.co.uk
S. 141 rechts

INDENFOR & UDENFOR ANTIK
Toldbodgade 65 B
1253 Kopenhagen K
Dänemark
+45 22 349453
www.indenfor.com
S. 74 unten rechts, 91

**INEKE SCHIERENBERG
RACHEL VAN DER BRUG**
Interior-Designerinnen
Lange Leidsedwarsstraat 140
1017 NN Amsterdam
Niederlande
+31 20 6390881
www.inekeschierenberg.nl
S. 88, 89

INGEGERD RÅMAN
Bergsgafan 53
11231 Stockholm
Schweden
+46 8 6502824
Ingegerd.raman@orrefors.se
S. 102

JACQUES AZAGURY
50 Knightsbridge
London SW1X 7JN
Großbritannien
+44 20 72451216
www.jacquesazagury.com
S. 105 unten beide Abb.

DIE ARCHITEKTEN, KÜNSTLER, DESIGNER UND GESCHÄFTSINHABER 169

JAMB
107A Pimlico Road
London SW1W 8PH
Großbritannien
+44 20 77302122
www.jamblimited.com
S. 115

JAMES SLADE
Slade Architecture
150 Broadway, No. 807
New York, NY 10038
+1 212 677 6380
www.sladearch.com
info@sladearch.com
S. 13 rechts

JANE CUMBERBATCH
www.purestyleonline.com
S. 68

JESTICO + WHILES
www.jesticowhiles.com
S. 71

JOHN NICOLSON
Haus zu mieten bei
johnnynicolson@aol.com
S. 8–9, 92

JOHN PEARSE
Schneiderei
6 Meard Street
W1F OEG
Großbritannien
+44 20 74340738
www.johnpearse.co.uk
jp@johnpearse.co.uk
S. 121 links

JON PELLICORO
jpellicoro@earthlink.net
S. 158

JONATHAN CLARK ARCHITECTS
34–35 Great Sutton Street
3. Stock
London EC1V 0DX
Großbritannien
+44 20 76081111
www.jonathanclark.co.uk
jonathan@jonathanclark.co.uk
S. 125 links

JOSEPHINE MACRANDER
Dekorateurin
+31 6 43053062
S. 4 oben, 50

JULIAN STAIR
Studio
52A Hindmans Raod
London SE22 9NG
Großbritannien
+44 20 86934877
www.julianstair.com
studio@julianstair.com
S. 127 rechts

JUNE UND DAVID ROSKILDE
Steindrucklithografin,
Musiker und Produzent
june@rehak.dk
S. 106 rechts

KATE FORMAN
www.kateforman.co.uk
S. 39 rechts

KATRIN ARENS
www.katrinarens.it
info@katrinarens.it
S. 22–23 große Abb.

KEN FOREMAN
www.kenforemandesign.com
S. 150

KJÆRHOLM'S
Rungstedvej 86
2960 Rungsted Kyst
Dänemark
+45 4576 5656
www.kjaerholms.dk
info@kjaerholms.dk
S. 51, 113 beide Abb.

KURT BRENDENBECK
www.kurtbredenbeck.com
S. 81

LENA PROUDLOCK
www.lenaproudlock.com
S. 142–143

LISA JACKSON LTD
+1 212 5930117
lcjpeace@aol.com
S. 159

LISETTE PLEASANCE
Boonshill Farm Bed & Breakfast
Bei Rye, East Sussex
www.boonshillfarm.co.uk
S. 48

MACK SCOGIN MERRILL ELAM ARCHITECTS
www.msmearch.com
S. 145 oben

MALCOLM GLIKSTEN
Antiquitäten
127 Pancras Road
Großbritannien
+44 7831 785059
malcolm.gliksten@bluyonder.co.uk
S. 122 oben

MARIE-HÉLÈNE DE TAILLAC
www.mariehelenedetaillac.com
S. 42 rechts

MARK SMITH
Smithcreative
15 St George's Road
London W4 1AU
Großbritannien
+44 20 87473909
office@smithcreative.net
S. 52–53

MATALI CRASSET PRODUCTIONS
26 rue du Buisson Saint Louis
75010 Paris
Frankreich
+33 1 42409989
www.matalicrasset.com
matali.crasset@wanadoo.fr
S. 74 unten links, 160 beide Abb.

MELIN TREGWYNT
Castlemorris
Haverfordwest
Pembrokeshire
SA62 5UX
Großbritannien
+44 1348 891644

www.melintregwynt.co.uk
info@melintregwynt.co.uk
S. 31 oben

MIBO
+44 1273 551979
www.mibo.co.uk
info@mibo.co.uk
S. 109 rechts

**MICHAEL NEUMANN
ARCHITECTURE**
11 East 88th Street
New York, NY 10128
USA
+1 212 8280407
www.mnarch.com
S. 82

MICHAELIS BOYD ASSOCIATES
Alex Michaelis und Tim Boyd
9B Ladbroke Grove
London W11 3BD
Großbritannien
+44 20 72211237
www.michaelisboyd.com
info@michaelisboyd.com
S. 156–157

MMM ARCHITECTS
The Banking Hall
26 Maida Vale
London W9 1RS
Großbritannien
+44 20 72869499
www.mmmarchitects.com
post@mmmarchitects.com
S. 84, 85

**MULLMAN SEIDMAN
ARCHITECTS**
137 Varick Street
New York, NY 10013
USA
+1 212 4310770
www.mullmanseidman.com
S. 12, 75 oben links, 104

NEISHA CROSLAND
www.neishacrosland.com
S. 72–73

NINA HARTMANN
www.vintagebynina.com
S. 54

PHILIPPE GUILMIN
philippe.guilmin@skynet.be
S. 132–133

**PHILIPPE MENAGER
NICOLAS HUG**
Immobilier de Collection
31 rue de Tournon
75006 Paris
Frankreich
+33 1 53102260
www.menagerhug.com
S. 75 unten rechts, 108

PINCH
nach vorheriger Anmeldung
Unit 1W
Clapham North Art Centre
26–32 Voltaire Road
London SW4 6DH
Großbritannien
+44 20 76225075
www.pinchdesign.com
S. 21 unten links, 27 rechts, 35

PORADA ARREDI S.R.L.
Via P. Buozzi, 2
22060 Cabiate (CO)
Italien
+39 031 766215
www.porada.it
S. 18

REINEKE GROTERS
Stylistin und Künstlerin
reineke.groters@zonnet.nl
S. 149

RETROUVIUS
Architektur und Design
2A Ravensworth Road
London NW10 5NR
Großbritannien
+44 20 89606060
www.retrouvious.com
mail@retrouvius.com
S. 99

RODDY&GINGER
www.roddyandginger.co.uk
virginia@roddyandginger.co.uk
S. 126

**ROELINE FABER INTERIOR
STYLING & DESIGN**
Tweede Molenweg 22
1261 HC Blaricum
Niederlande
+31 35 6668411
faber.styling@wxs.nl
S. 97

ROSE UNIACKE INTERIORS
8 Holbein Place
London SW1W 8NL
Großbritannien
+44 20 77307050
www.roseuniacke.com
S. 74 oben links, 153, 163 rechts

SANDY DAVIDSON DESIGN
www.sandydavidsondesign.com
S. 78–79

SHAMIR SHAH
www.shamirshahdesign.com
S. 83

SIGMAR
263 Kings Road
London SW3 5EL
Großbritannien
+44 20 7751 5802
www.sigmarlondon.com
S. 114 beide Abb.

SCOUT LTD
Ben Johns CEO
Taschen und Bodenbeläge
1055 Thomas Jefferson Street NW
Washington DC 20007
USA
+1 202 9449590
ben@bungalowco.com
S. 5 oben Mitte, 152, 154

DIE ARCHITEKTEN, KÜNSTLER, DESIGNER UND GESCHÄFTSINHABER 171

STELTON A/S
+45 3962 3055
www.stelton.com
stelton@stelton.dk
*S. 20 unten rechts, 28–29
große Abb.*

STENHUSET ANTIKHANDEL
Antiquitäten, Interior-Design,
Lifestlye-Café, Bed & Breakfast
Bögerup 206 A
241 96 Stockamöllan
Schweden
+46 70 9659565
www.stenhusetantikhandel.com
S. 58

STEPHEN PARDY
Weston-Pardy Designberatung
+44 20 75870221
weston.pardy@mac.com
S. 21 unten rechts, 57

STEVEN LEARNER STUDIO
307 7th Avenue, Room 2201
New York, NY 10001
USA
www.stevenlearnerstudio.com/
   index.htm
mstevens@stevenlearnerstudio.
   com
S. 110–111

STEVEN SHAILER
+1 917 5188001
S. 44 oben rechts

STUDIO ARCHITETTURA BENAIM
Via Giotto, 37
50121 Florenz
Italien
+39 055 663284
benaim@tin.it
S. 120

TAPET CAFÉ
www.tapet-café.dk
S. 56 rechts

TERESA GINORI
Teresa.ginori@aliceposta.it
S. 100–101

**THE CHILDREN'S COTTAGE
COMPANY &
SANCTUARY GARDEN OFFICES**
www.play-houses.com
www.sanctuarygardenoffices.com
+44 1363 772061
S. 119

THE CROSS & CROSS THE ROAD
+44 20 77276760
S. 4 unten Mitte

THE MARSTON HOUSE
Main Street at Middle Street
PO Box 517
Wiscasset
Maine 04578
USA
www.marstonhouse.com
S. 62

**THE NEW ENGLAND SHUTTER
COMPANY**
16 Jaggard Way
London SW12 8UB
Großbritannien
+44 20 86751099
www.tnesc.co.uk
S. 155 unten

THE SWEDISH CHAIR
+44 20 86578560
www.theswedishchair.com
lena@theswedishchair.com
S. 31 unten

TORE LINDHOLM
tore.lindholm@nchr.uio.no
und
Lund & Hagem Arkitektur AS
www.lundhagem.no
S. 10 oben

TSÉ & TSÉ ASSOCIÉES
Catherine Lévy
Sigolène Prébois
www.tse-tse.com
S. 124

TYLER LONDON LTD
www.tylerlondon.com
S. 86

VILLA L'AGACHON
www.villalagachon.com
S. 70

**VIVIEN LAWRENCE INTERIOR
DESIGN**
Interior-Designerin von
Privatdomizilen
London
Großbritannien
+44 20 8209-0058 oder -0562
interiordesign@vivienlawrence.
   co.uk
S. 4 unten, 122 unten

VOON WONG
www.vwbs.co.uk
S. 49 oben rechts

WEBB ARCHITECTS
www.webb-architects.co.uk
S. 49 unten rechts

WILLIAM HEFNER
www.williamhefner.com
S. 78–79

WILLIAM SMALLEY
+44 7753 686711
william@williamsmalley.com
S. 116–117

WILLIAM W. STUBBS, IIDA
www.wwstubbs.com
S. 86

WIM DEPUYDT
+32 495, 777 217
depuydt.architect@pandora.be
S. 3, 164–165

YANCEY RICHARDSON GALLERY
535 West 22nd Street
New York, NY 10011
USA
www.yanceyrichardson.com
S. 110–111

DIE AUFNAHMEORTE

LEGENDE: *F* = FotografIn, **o** = oben, **u** = unten,
r = rechts, **l** = links, **M** = Mitte.

Vor- und Nachsatz *F* Polly Wreford/Styling: Atlanta
Bartlett; 1 *F* Andrew Wood/Zuhause von Andy Marcus
& Ron Diliberto in Palm Springs, CA; 2 *F* Jan Baldwin/
Zuhause von Designerin Helen Ellery in London,
Gemälde von Robert Clarke; 3 *F* Winfried Heinze/
Zuhause von Val, Wim, Kamilla, Juliette und Joseph
in Gent, Design und Bau: Wim Depuydt, Architekt; 4o
F Debi Treloar/Wim und Josephines Wohnung in
Amsterdam; 4oM *F* Henry Bourne; 4uM *F* Debi
Treloar/Londoner Zuhause von Sam Robinson,
Mitbesitzer von The Cross und Cross the Road; 4u *F*
Christopher Drake/Vivien Lawrence, Interior-Designerin
in London; 4–5 *F* Lisa Cohen; 5o *F* Debi Treloar/Mark
und Sally Baileys Zuhause in Herefordshire; 5om *F*
Winfried Heinze/Zuhause von Ben Johns und Deb
Waterman Johns; 5uM *F* Debi Treloar/Zuhause von
Clare und David Mannix-Andrews, Hove, East Sussex;
5u *F* Polly Wreford/Styling: Atlanta Bartlett; 6–7 *F*
Winfried Heinze/Domizil der Familie Éclair-Powell in
London; 8–9 *F* Chris Everard/John Nicolsons Haus in
Spitalfields, London; 10o *F* Paul Ryan/Sommerhaus
von Astir Eidsbo und Tore Lindholm in Hvasser; 10u
F Winfried Heinze/Wohnung von Lars Kristensen,
Besitzer von »Fil de Fer«, Kopenhagen; 11 *F* Chris
Everard/Ruth Artmonskys Loft in Covent Garden; 12
F Winfried Heinze/Dr. Alex Shermans und Ivy Baer
Shermans Residenz in New York City, Mullman
Seidman Architects; 13l *F* Winfried Heinze/Zuhause
der Familie von Isabel und Ricardo Ernst; 13r *F*
Winfried Heinze/Glasserman/Gilsanz' Residenz,
Architekt: James Slade von Cho Slade Architecture; 14
© Case Furniture Ltd. – Schreibtisch »Covet« von Shin
Azumi; 15 *F* Andrew Wood; 16l *F* Andrew Wood/Haus
der Architektin Grethe Meyer, Hørsholm, Dänemark,
erbaut von den Architekten Moldenhawer, Hammer
und Frederiksen, 1963; 16r *F* Debi Treloar/Haus von
Clare und David Mannix-Andrews, Hove, East Sussex;
17 *F* Chris Everard; 18 © Porada – Schreibtisch
»Pablo«, entworfen von M. Walraven, Porada;
19 beide Abb. *F* Chris Everard/Zuhause der
Modedesignerin Carla Saibene in Mailand; 20ol *F*
Andrew Wood/Haus der Architektin Grethe Meyer,
Hørsholm, Dänemark, erbaut von den Architekten

Moldenhawer, Hammer und Frederiksen, 1963; 20or
F Andrew Wood; 20ul *F* Dan Duchars/Homeoffice
von Ian Hogarth von Hogarth Architects in London;
20ur *F* Andrew Wood/Peter Holmblads Wohnung in
Klampenborg, Dänemark, entworfen von dem
Architekten Arne Jacobsen, 1958; 21ol *F* Polly
Wreford/Foster House von Beach Studios, Styling:
Atlanta Bartlett; 21or *F* Andrew Wood/Ian Bartlett
und Christine Walsh, London; 21ul © Pinch –
Schreibtisch »Pontus«, entworfen von Russell Pinch,
F James Merrell; 21ur *F* Christopher Drake/
georgianisches Haus des Designers Stephen Pardy in
London; 22–23 *F* Debi Treloar/Design: Cecilia
Proserpio, Möbel: Katrin Arens; 23 *F* Debi Treloar/
Zuhause von Marcus Hewitt und Susan Hopper in
Litchfield County, Connecticut; 24 *F* Polly
Wreford/Ann Shore, Story; 25 *F* Tom Leighton/
Künstler Yuri Kuper; 26 *F* Mark Scott; 27l *F* Polly
Wreford; 27r © Pinch – Schreibtisch »Yves«,
entworfen von Russell Pinch; *F* James Merrell; 28l
F Chris Everard/Zuhause von Pemper und Rabiner
in New York, gestaltet von David Khouri von Comma;
28–29 große Abb. *F* Andrew Wood/Peter Holmblads
Wohnung in Klampenborg, Dänemark, entworfen von
dem Architekten Arne Jacobsen, 1958; 30 *F* Chris
Tubbs/Annabel Greys Cottage in Norfolk; 31o *F* Claire
Richardson/Haus von Eifion und Amanda Griffiths von
Melin Tregwynts in Wales; 31u *F* Debi Treloar/Lena
Renkel Eriksson, The Swedish Chair; 32 *F* Polly
Wreford/Wohnung in New York, gestaltet von
Belmont Freeman Architects; 33 *F* Polly Wreford/
Styling: Atlanta Bartlett; 34 beide Abb. © Case
Furniture Ltd. – Schreibtisch »Covet« von Shin Azumi;
35 © Pinch – Schreibtisch »Pontus«, entworfen von
Russell Pinch, *F* James Merrell; 36 und 37 *F*
Debi Treloar/Mark und Sally Baileys Zuhause in
Herefordshire; 38–39 große Abb. *F* Andrew Wood;
39r *F* Lisa Cohen/Kate Formans Zuhause; 40 und 41
F Debi Treloar/Zuhause von Familie Catherine
Chermayeff und Jonathan David in New York,
gestaltet von Asfour Guzy Architects; 42l *F*
Debi Treloar/Mark und Sally Baileys Zuhause in
Herefordshire; 42r *F* Polly Wreford/Marie-Hélène de
Taillacs Zweitwohnsitz in Paris; 43l *F* Debi Treloar/
Zuhause von Glen Senk und Keith Johnson von
Anthropologie in Philadelphia; 43r *F* Christopher

Drake/Wohnung in Mailand, Interior-Design von Daniela Micol Wajskol; 44l *F* Dan Duchars/Home-office von Ian Hogarth von Hogarth Architects in London; 44or *F* Debi Treloar/Wohnung des Designers Steven Shailer in New York City; 44ur *F* Polly Wreford/Clare Nash, London; 45 *F* Andrew Wood; 46–47 *F* Andrew Wood/Ian Bartlett und Christine Walsh, London; 48 *F* Polly Wreford/Zuhause und Bed & Breakfast von Designerin Lisette Pleasance und Mick Shaw; 49ol *F* Debi Treloar/Cristine Tholstrup Hermansens und Helge Drencks Haus in Kopenhagen; 49or *F* Jan Baldwin/Wohnung der Familie Campbell in London, Voon Wong Architects; 49ur *F* Polly Wreford/Zuhause einer Familie in London, gestaltet von Webb Architects und Cave Interiors; 50 *F* Debi Treloar/Wim und Josephines Wohnung in Amsterdam; 51 *F* Andrew Wood/Zuhause der Familie Kjærholm in Rungsted, Dänemark; 52–53 *F* Dan Duchars/Zuhause des Designers Mark Smith in London; 54 *F* Lisa Cohen/Zuhause der Designerin Nina Hartmann in Schweden; 55l *F* Polly Wreford/Foster House von Beach Studios, Styling: Atlanta Bartlett; 55r *F* Polly Wreford/Zuhause von Justin und Heidi Francis, Besitzer von Flint Collection in Lewes; 56l *F* Polly Wreford/Daniel Jasiaks Wohnung in Paris; 56r *F* Lisa Cohen/Textildesignerin Helene Blanche und Ehemann Jannik Martensen-Larsen, Inhaber des TAPET-CAFÉ; 57 *F* Christopher Drake/georgianisches Haus des Designers Stephen Pardy in London; 58 *F* Polly Wreford/Stenhuset Antikhandel, Geschäft, Café und Bed & Breakfast in Stockamollan, Schweden; 59 *F* Jan Baldwin/Haus von David Davies in East Sussex; 60 *F* Debi Treloar/Londoner Zuhause der Besitzer der Süßwarenhandlung Hope & Greenwood; 61 *F* Polly Wreford/Styling: Atlanta Bartlett, Location in New Cross, zu mieten über www.beachstudios.co.uk; 62 *F* Debi Treloar/Sharon und Paul Mrozinskis Zuhause in Bonnieux, Frankreich, www.marstonhouse.com; 63 *F* Andrew Wood/Haus der Architektin Grethe Meyer, Hørsholm, Dänemark, erbaut von den Architekten Moldenhawer, Hammer und Frederiksen, 1963; 64 und 65 *F* Ray Main/Beleuchtung von Babylon Design; 66 *F* Polly Wreford/Foster House von Beach Studios, Styling: Atlanta Bartlett; 67 *F* Polly Wreford; 68 *F* Lisa Cohen/gestaltet von Jane Cumberbatch; 69 *F* Polly Wreford/Foster House von Beach Studios, Styling: Atlanta Bartlett; 70 *F* Paul Massey; 71 *F* James Morris/Privathaus des Designteams Tom Jestico und Vivien Fowler in London; 72–73 *F* Christopher Drake/Neisha Crosland; 74ol *F* Winfried Heinze/Rose Uniackes Zuhause in London; 74or *F* Debi Treloar/Zuhause von Glen Senk und Keith Johnson von Anthropologie in Philadelphia; 74ul *F* Winfried Heinze/Innenarchitektur: matali crasset; 74ur *F* Polly Wreford/Indenfor & Udenfor in Kopenhagen (Zuhause und Geschäft in der Nähe des königlichen Schlosses); 75ol *F* Chris Everard/Wohnung in New York, gestaltet von Mullman Seidman Architects; 75or *F* Andrew Wood/Haus in Stockholm, Schweden; 75ul *F* Polly Wreford/Carolyn Oswalds Zuhause in der Provence; 75ur *F* Andrew Wood/Pariser Wohnung von Nicolas Hug; 76–77 *F* Londoner Zuhause von Dan Duchars und Architektin Haifa Hammami; 78–79 alle Abb. *F* James Morris/Joan Barnetts Haus in West Hollywood, gestaltet von William R. Hefner AIA, Interior-Design von Sandy Davidson Design; 80 *F* Andrew Wood/Zuhause von Sean und Tricia Brunson in Orlando; 81 *F* Andrew Wood/Kurt Bredenbecks Wohnung im Barbican Centre, London; 82 *F* Jan Baldwin/Loft von Alfredo Paredes und Brad Goldfarb in Tribeca, New York, gestaltet von Michael Neumann Architecture; 83 *F* Chris Everard/New Yorker Wohnung, gestaltet von Shamir Shah; 84–85 *F* Polly Wreford/Zuhause von Ingrid und Avinash Persaud in London; 86 *F* Christopher Drake/Haus in London, Architekturdesign und Vermittlung von Tyler London Ltd., Interior-Design von William W. Stubbs, IIDA; 87 *F* Debi Treloar; 88 und 89 *F* Claire Richardson/Zuhause der Interior-Designerin Rachel van der Brug in Amsterdam; 90 *F* Polly Wreford/Charlotte-Anne Fidlers Zuhause in London; 91 *F* Polly Wreford/Indenfor & Udenfor in Kopenhagen (Zuhause und Geschäft in der Nähe des königlichen Schlosses); 92 *F* Chris Everard/John Nicolsons Haus in Spital-fields, London; 93 *F* Debi Treloar/Robert Elms' und Christina Wilsons Familienhaus in London; 94–95 *F* Andrew Wood/Haus in Stockholm, Schweden; 96 *F* Polly Wreford/Foster House von Beach Studios, Styling: Atlanta Bartlett; 97 *F* Debi Treloar/Roeline Faber, Interior-Designerin; 98 *F* Jan Baldwin/Alison Hills und John Taylors Zuhause in Greenwich; 99 *F* Chris Everard/Wohnhaus des Fotografen Guy Hills in London, gestaltet von Joanna Rippon und Maria Speake von Retrouvius; 100–101 *F* Chris Tubbs/Teresa Ginoris Zuhause in der Nähe von Varese, Pergamentschirm von Roberto Gerosa, Architekt; 102 *F* Paul Ryan/Zuhause von Ingegerd Råman und Claes Söderquist in Schweden; 103 *F* Tom Leighton/Netty

Nauta; 104 *F* Chris Everard/Wohnung in New York, gestaltet von Mullman Seidman Architects; 105o *F* Andrew Wood/Wohnung von Jo Shane, John Cooper und Familie in New York; 105u beide Abb. *F* Winfried Heinze/Wohnung von Jacques Azagury in London; 106l *F* Andrew Wood; 106r *F* Polly Wreford/Zuhause von June und David in Kopenhagen; 107 *F* Polly Wreford/Foster House von Beach Studios, Styling: Atlanta Bartlett; 108 *F* Andrew Wood/Pariser Wohnung von Nicolas Hug; 109l *F* Debi Treloar/ Hélène und Konrad Adamczewski, Lewes; 109r *F* Debi Treloar/Madeleine Rogers von Mibo; 110–111 *F* Winfried Heinze/Wohnung von Yancey und Mark Richardson in New York, Architektur und Interior-Design von Steven Learner Studio, Gemälde von Vic Muniz und Adam Fuss, drei Akte auf dem Schreibtisch von Alvin Booth; 112 *F* Winfried Heinze/Zuhause von Wayne und Gerardine Hemingway von Hemingway Design in Sussex; 113 beide Abb. *F* Andrew Wood/Zuhause der Familie Kjærholm in Rungsted, Dänemark; 114 beide Abb. *F* Winfried Heinze/Mietwohnung von Ebba Thott, Inhaberin von Sigmar in Notting Hill, London; 115 *F* Christopher Drake/Antiquitätenhändler und Miteigentümer von Jamb Ltd., www.jamblimited.com; 116–117 *F* Jan Baldwin/Londoner Mietwohnung des Architekten William Smalley; 118 *F* Andrew Wood/Originaldomizil in Florida, restauriert von Andrew Weaving, Century Design; 119 *F* Chris Tubbs; 120 *F* Chris Tubbs/Podere Sala, Lori De Moris Zuhause in der Toskana, restauriert von André Benaim, Architekt; 121l *F* Winfried Heinze/Wohnung von Florence und John Pearse in London; 121r *F* Chris Tubbs/Zuhause von Toia Saibene und Giuliana Magnifico in Lucignano, Toskana; 122o *F* Claire Richardson/Malcolm Glikstens Zuhause in Frankreich; 122u *F* Christopher Drake/Vivien Lawrence, Interior-Designerin in London; 123 *F* James Merrell; 124 *F* Debi Treloar/Pariser Zuhause von Sigolène Prébois von Tsé & Tsé Associées; 125l *F* Chris Everard/Zuhause des Architekten Jonathan Clark in London; 125r *F* Polly Wreford/Heim von Alison Smith und Familie in Brighton; 126 *F* Polly Wreford/Zuhause der Designerin Virginia Armstrong von roddy&ginger in London; 127l *F* Lisa Cohen/Clara Baillies Haus, Isle of Wight; 127r *F* Debi Treloar/Zuhause und Atelier von Julian Stair in London; 128–131 *F* Tom Leighton/Künstler Yuri Kuper; 132–133 *F* Debi Treloar/Gästehaus des Interior-Designers und

Künstlers Philippe Guilmin, Brüssel; 134 beide Abb. *F* Claire Richardson/Zuhause von Gérard und Danièlle Labre bei Uzès, Frankreich; 135 *F* Debi Treloar/ Zuhause von Glen Senk und Keith Johnson von Anthropologie in Philadelphia; 136–137 *F* Debi Treloar/ehemaliges Zuhause von Emily Chalmers und Regisseur Chris Richmond in London; 138 *F* Polly Wreford/Carolyn Oswalds Zuhause in der Provence; 139 *F* Debi Treloar/Mark und Sally Baileys Zuhause in Herefordshire; 140 *F* Polly Wreford/Carolyn Oswalds Zuhause in der Provence; 141l *F* Lisa Cohen/Clara Baillies Haus, Isle of Wight; 141r *F* Polly Wreford/ Zuhause von Familie Azzi und Dan Glasser in London; 142–143 *F* Polly Wreford/Lena Proudlock; 144 *F* Andrew Wood/Atelierhaus des Galeriebesitzers Mikael Andersen in Dänemark, gestaltet von Henning Larsen; 145o *F* James Morris/Residenz Nomentana in Maine, gestaltet von Mack Scogin Merrill Elam Architects; 145u *F* Polly Wreford/Zuhause der Familie Cox; 146 *F* Debi Treloar/Privathaus von Ank de la Plume in Amsterdam; 147 *F* Debi Treloar/Zuhause von Netty Nauta in Amsterdam; 148 *F* Polly Wreford/ Foster House von Beach Studios, Styling: Atlanta Bartlett; 149 *F* Debi Treloar/Amsterdamer Zuhause der Stylistin und Künstlerin Reineke Groters; 150 *F* Polly Wreford/Kathy Moskals Wohnung in New York, gestaltet von Ken Foreman; 151 *F* Caroline Arber/ Design und Styling von Jane Cassini und Ann Brownfield; 152 *F* Winfried Heinze/Zuhause von Ben Johns und Deb Waterman Johns; 153 *F* Winfried Heinze/ Rose Uniackes Zuhause in London; 154 *F* Debi Treloar/Zuhause von Ben Johns und Deb Waterman Johns; 155o beide Abb. *F* Debi Treloar/Zuhause von Helle Høgsbro Krags in Kopenhagen, Besitzerin von Crème de la Crème à la Edgar; 155u *F* Winfried Heinze/Sophie Eadies Zuhause in London; 156–157 *F* Winfried Heinze/Zuhause von Familie O'Connor Bandeen in London; 158 *F* Winfried Heinze/Jon Pellicoro, Künstler und Designer; 159 *F* Winfried Heinze/Zuhause der Interior-Designerin Lisa Jackson in New York; 160 beide Abb. *F* Winfried Heinze/ Innenarchitektur: matali crasset; 161 *F* Winfried Heinze/Freddie Hair, London; 162 *F* Winfried Heinze/ Zuhause der Familie Fried in London; 163l *F* Winfried Heinze/Architektur und Interieur: Nico Rensch, Architeam; 163r *F* Winfried Heinze/Rose Uniackes Zuhause in London; 164–165 *F* Winfried Heinze/ Zuhause von Val, Wim, Kamilla, Juliette und Joseph in Gent, Design und Bau: Wim Depuydt, Architekt.

DANKSAGUNG

Beim Schreiben dieses Buches – in meinem brandneuen und wundervoll komfortablen Arbeitszimmer – durfte ich wieder einmal die Fürsorge eines sehr guten Verlagsteams genießen, das sich durch Liebe zum Detail auszeichnet. Ich hatte das Glück, Alison Starling, Rebecca Woods, Leslie Harrington und Paul Tilby und natürlich die unermüdliche Emily Westlake an meiner Seite zu haben.

Ihnen allen gilt mein großer Dank.

ÜBER DIE AUTORIN

Caroline Clifton-Mogg ist Journalistin und Autorin. Sie schreibt u. a. über Interior-Design und Gartengestaltung. Ihre Beiträge werden in verschiedenen Zeitschriften wie *House & Garden* veröffentlicht. Die Originalausgaben ihrer Bücher *Echt italienisch. Landhäuser in der Toskana und in Umbrien*, *Französischer Landhausstil* und *Mit Liebe zum Detail. Charmante Dekorationsideen* sind bei Ryland Peters & Small erschienen, sämtliche deutsche Ausgaben bei Gerstenberg.

Außerdem im Gerstenberg-Programm lieferbar:

ISBN 978-3-8369-2596-9